程 文 编著

1~2年级

关键期

妈妈如何引导孩子

朝華出版社

图书在版编目（CIP）数据

1~2年级关键期，妈妈如何引导孩子/程文编著.
—北京：朝华出版社，2011．3

ISBN 978-7-5054-2624-5

Ⅰ.①1… Ⅱ.①程… Ⅲ.①小学生–家庭教育 Ⅳ①G78

中国版本图书馆 CIP 数据核字（2011）第 032678 号

1~2 年级关键期，妈妈如何引导孩子

作　　者　程　文

选题策划　杨　彬　王　磊
责任编辑　姜婷婷
责任印制　张文东
封面设计　形式书籍设计

出版发行　朝华出版社
社　　址　北京市西城区百万庄大街 24 号　　　　邮政编码　100037
订购电话　（010）68413840　68996050
传　　真　（010）88415258（发行部）
联系版权　j-yn@163.com
网　　址　www.mgpublishers.com
印　　刷　三河市三佳印刷装订有限公司
经　　销　全国新华书店
开　　本　710mm×1040mm　1/16　　　　　　字　　数　180 千字
印　　张　15.5
版　　次　2011 年 4 月第 1 版　2011 年 4 月第 1 次印刷
装　　别　平
书　　号　ISBN 978-7-5054-2624-5
定　　价　28．00 元

前　言

　　小学，作为人生的崭新起点，梦想起飞的地方，无论是妈妈还是孩子，都会充满期待。从客观上说，1～2 年级的孩子生理和心理发育还处于"幼小衔接期"，处在长身体、长知识、长见闻的年龄，有很强的求知欲，也有很强的可塑性；同时，1～2 年级又是孩子的"智力分化期"，孩子在智力、学习上的一些问题在此时非常具体地摆在妈妈面前。这令妈妈们感到隐隐的担心：这些问题会影响到孩子的未来吗？我该如何去做，才能让孩子不输在人生的起跑线上？

　　简而言之，孩子在小学 1～2 年级，妈妈要注意以下几个问题：

　　小学 1～2 年级，正是孩子大脑发育的第二个黄金期，如果这时没有对孩子进行科学有效的智力开发和思维习惯培养，孩子就会错过智力、创造力发展的重要时期。

　　小学 1～2 年级，是孩子习惯养成的关键期。习惯具有一种顽强而巨大的力量主宰着人的一生，养成好的习惯会使孩子终身受用。1～2 年级的孩子刚进入小学学习，新的学习和生活环境对他们来说，既陌生又有趣，此时正是对他们进行习惯养成教育的关键时刻，妈妈们一定要好好把握。

　　小学 1～2 年级，是孩子学习能力培养的关键期。学习能力是一个人非常重要的能力，它包括正确的学习方法、良好的学习习惯等方面的培养。随着社会竞争的激烈化，孩子必须具备良好的终身学习能力，以防止被知识快速更新的时代所淘汰。

小学1～2年级，是孩子的自我意识的萌芽期，良好的自我意识是孩子健全人格形成的基础。如果在孩子自我意识的萌芽期，妈妈没有把握好引导作用，就会导致孩子各种性格缺陷的产生，从而给孩子的人生道路埋下危险的"地雷"。

小学1～2年级，还是孩子认识社会的开始，是孩子建立良好人生观、价值观、交友观的重要时期。孩子将来对社会的认识、理解和判断，需要妈妈在此时就加以引导。

毫不夸张地说，1～2年级是塑造孩子一生的关键期。如果这一阶段没有妈妈的正确引导和帮助，会对孩子造成一生难以弥补的伤害。很多教育专家和从事教育工作多年的老师都强烈地感到：如果这一阶段的教育出现失误或缺失，孩子的人生之路将会困难重重，荆棘处处！

所以，我们特别组织了多名从教多年的优秀教师，编写了本书，将大多数孩子在1～2年级出现的问题进行归纳和总结，同时提供一些具体的措施和办法，希望帮助妈妈们引导孩子用最佳的状态来迎接小学初期的困难和挑战。

在本书的编写过程中，我们在征询专家意见的基础上，大量走访了这一年龄段的孩子妈妈，收集了大量最重要、最容易被妈妈忽略的教育问题，并加以整理和解答。

本书在编写之初，就订下了三条基本原则：

原则一：发现问题不是目的，解决问题才是目的

每位妈妈，对于自己的孩子都是最了解的，他们比任何专家、老师都更了解自己的孩子，知道孩子的缺点和问题。例如，所有父母都知道粗心大意、随口说脏话这些毛病是不好的，而她们最需要的是如何引导孩子，帮助孩子改掉这些坏毛病。所以在本书编写过程中，我们避免一味地介绍问题的类型和危害，而是将重点放在如何解决这些教育问题上，给出最切实可行的解决问题的方法。

原则二：将家庭教育方法与儿童心理特点紧密结合

很多妈妈发现孩子的缺点、问题之后，也试图帮助孩子改正，但是效果并不好。这是因为她们并没有找到孩子出现这些问题的根本原因。绝大多数教育专家认为：孩子外在的缺点、问题往往只是表象，而最终的原因是出自孩子的心理，妈妈们只有了解孩子的心理，深入孩子内心，才能找到孩子各种教育问题所系的最根本的原因，才能彻底改正孩子的缺点，解决孩子的教育问题。

原则三：注重素质教育，将健全人格的培养作为重点

大多数学习成绩优秀的孩子，并非智力上非常出色，而是在人格上有过人之处，比如乐观、坚韧、积极，这些不但能让他们应对学习上的困难，在日后的人生道路上也将受益颇多。所以我们希望每位妈妈，在注重孩子学习成绩的基础上，也能重视孩子健全人格的培养。

希望本书能够为帮助妈妈培养杰出的孩子做出一点贡献！

目　　录

第一章　1～2 年级，决定孩子一生的关键期

　　1～2 年级是孩子进入学校接受教育的初始阶段，也是孩子大脑发育最为关键的时期。他们的大脑神经活动的兴奋性水平提高，表现为既爱说又爱动，但注意力不持久，功课、习惯养成等都需要在老师和家长的监督下才能完成。这时候如果妈妈引导错误或者管教不当，他们的一些坏习惯和不良行为一旦形成就很难矫正。所以，1～2 年级，妈妈也要和孩子一同"入学"，做好孩子人生的第一位启蒙老师。

第二章　探索孩子内心成长的秘密

　　1～2 年级的孩子正处于心理发育关键期，这个时期，他们情感外露，喜怒无常，依赖性强却又我行我素，性情乖张却又极易受到外界伤害，

自我意识正在萌发却又极易受外界左右。这个时期，妈妈的放任不管和过度照顾都会对孩子健康人格的养成造成难以挽回的影响。所以，如何正确进行心理疏导，是1～2年级孩子妈妈教子的重中之重。

第三章　小学初期，妈妈如何扮演好自己的角色

我们谈到家庭教育时，往往只涉及如何培养孩子，却忽略了对父母尤其是妈妈的要求，事实上妈妈才是家庭教育成败的关键。妈妈是孩子的第一任老师，妈妈在孩子面前扮演什么样的角色，也决定着孩子在未来成为什么样的人，对孩子的未来有很大影响。

第二部分　1～2年级，孩子学习潜能的爆发期

第四章　语、数、外——学习也可以像游戏一样令
　　　　孩子着迷

上小学后，学习的科目、难度都比幼儿园时有了很大的区别，很多

孩子都感觉学习变得比较吃力了。这个时候，妈妈首先要注意的是培养和提高孩子的学习能力，激发孩子的学习兴趣，使孩子的各科学习步入一个有条理的良性循环之中，从而让孩子爱上学习！

第五章　1～2年级，最关键的是让孩子学会自主学习

在现代家庭中，每个孩子都是宝，在妈妈的"帮助"下，孩子自主学习的机会被剥夺。试想：一个整天需要妈妈督促才能去学习、做作业的孩子，怎能指望他能自觉主动地去探索和学习呢？失去这种自由发挥的机会，孩子的智力发展也就会因"过度关心"而受阻。

第六章　巧妙引导，好的学习方法让孩子出类拔萃

孩子的潜能就像一颗种子，只要有适宜的条件就会生根，发芽，结果。学习方法是桥，是帮助孩子走向学业成功的捷径，妈妈要注意引导孩子用更有效的学习方法去学习，培养孩子良好的学习习惯，这样，才

能在孩子的教育上起到事半功倍的效果。

第三部分　1～2年级，妈妈不可忽视的非智力因素

第七章　1～2年级养成的好习惯改变孩子的一生

通过分析很多孩子的成长之路，我们发现：孩子拥有一个什么样的未来，智力上的差异并非决定因素，孩子是否拥有好个性、好习惯，才是至关重要的。例如，勤奋好学、积极进取、认真仔细等很多好习惯，往往可以让孩子受益一生。

第八章　重要素质重点修炼，让每个孩子都不平凡

我国著名教育家陶行知说过："思维决定行动，行动养成习惯，习惯形成品质，品质决定命运。"对于1～2年级的孩子来说，品格与礼仪的塑造比知识和技能的获得更为重要。所以妈妈在平时就要注意孩子品格

方面的塑造，让孩子成为不平凡的人！

第九章　妈妈送给1～2年级孩子最好的礼物

很多妈妈都对那个即将到来的金秋九月充满了憧憬，因为那个时候，自己家的"小嘎嘣豆儿"将带着红领巾走入校门了，为了迎接这"历史性的一刻"，妈妈们都会绞尽脑汁送给孩子礼物——书包、玩具、图书……这些礼物无论怎么看似乎都不足以表达妈妈的心情和厚望。授之以鱼不如授之以渔，倒不如送给孩子一个强健的体魄，一种好的思想，一个好的环境。

1～2年级，塑造孩子一生的启蒙期

第一章｜1～2 年级，决定孩子一生的关键期

　　1～2 年级是孩子进入学校接受教育的初始阶段，也是孩子大脑发育最为关键的时期。他们的大脑神经活动的兴奋性水平提高，表现为既爱说又爱动，但注意力不持久，功课、习惯养成等都需要在老师和家长的监督下才能完成。这时候如果妈妈引导错误或者管教不当，他们的一些坏习惯和不良行为一旦形成就很难矫正。所以，1～2 年级，妈妈也要和孩子一同"入学"，做好孩子人生的第一位启蒙老师。

1～2 年级，孩子大脑发育的关键期

　　告别幼儿园，孩子就要上小学了。妈妈们不由得松了一口气，有老师替自己教育孩子了，自己身上的担子就轻了一半儿。诚然，教育孩子的事情有老师来帮忙妈妈们确实轻松了不少，但是妈妈们可能不知道，1～2 年级是孩子智力发育的第二个黄金关键期。妈妈们的"轻敌"思想有可能会延误孩子一生最重要的智力发育时

期，对他们一生的学习能力和未来前途造成不可估量的影响。所谓"关键期"，是指最易学会和掌握某种知识技能和行为动作的特定年龄期。在关键期对孩子进行及时的教育，孩子学起来容易，学得也快，能够收到事半功倍的效果；错过关键期再去努力，双方就要花费很多的精力和时间，而效果却是事倍功半。

作为妈妈一定要了解孩子在这一时期的智力发育特点，帮孩子度过他们一生中大脑发育的第二个黄金期。孩子在 8 岁以前，其智力发展要经历两个黄金期——在 3 岁前，孩子将经历大脑发育的第一个黄金期。如果将成人智力水平视为 100%，那么在这一时期孩子的智力发育已经完成了 50%。到了 8 岁左右，也就是 1~2 年级，孩子将迎来他们智力发展的第二个黄金期。此阶段，孩子大脑半球的神经传导通路已经髓鞘化，大脑重量将达到 1200 克左右，也就是说，较之成人的大脑重 1300~1400 克，孩子的智力将达到整个人生智力水平的 83%~90%。

倘若妈妈能够抓住孩子大脑建设的两个重要时期，对其加以悉心培养，则势必会使孩子的智力水平得到更好的发展。

但遗憾的是，相较而言，很多妈妈更重视孩子的"第一个黄金期"，一旦孩子进入小学，她们就会将培养孩子的任务全权转交给老师，自己则"乐得清闲"。

曾听一位妈妈这样说过：

孩子终于上小学了，以后就不用整天围着他转，又是陪他玩，又是想方设法开发他的智力，真是累死了。上小学了，有了老师，他的知识教育、智力开发，都可以由老师来负责，我也就可以轻松很多了。

俗话说，好孩子的成长 99% 靠妈妈。教育孩子是一项持续的工程，是妈妈一生的重要事业，如果把对孩子的教育过多地依赖于他人，其效果必然会大打折扣。退一步讲，一个班级要有多少名学生，而一个班级又能配备几名班主任？也就是说，即便老师全力以赴，将所有精力都用在孩子身上，也很难保证不会顾此失彼。所以，如果妈妈在孩子初入小学时，便疏于对他们的培养，则无异于是在浪费孩子发展的黄金时间。

一个聪明的妈妈，理应懂得在孩子智力发展的第二个黄金期，即在1~2年级时，发挥引导者的作用，通过正确的方法协同老师一起激发孩子各方面的潜能，为孩子日后的人生发展奠定一个良好的基础。

那么，如何才能抓住孩子1~2年级时智力发展的第二个黄金期，让他变得更加出色呢？妈妈们不妨通过以下三种方法来提升孩子的智力水平。

方法一：引导孩子多动手

据了解，科学家通过对正常人及很少动手的痴呆病患者的大脑进行解剖发现，人的动手能力与其大脑灵活度成正比。如果平时让孩子多动动手，就等于是在反复进行"头脑体操"训练，孩子大脑的灵活度也就得到了提升。妈妈们可以有意识地鼓励孩子多动手或将这一理念和孩子爱玩的特点结合起来，做一些手部锻炼。例如，左手剪东西、摆弄智力玩具、拍球投篮、学打算盘、做手指操、玩积木和橡皮泥等，都是通过手部锻炼以开发孩子智力的方式。同时，妈妈们还可以让孩子自己动手做一些力所能及的家务活，如让孩子自己铺床叠被、收拾房间等。这样，在培养孩子自理能力的同时，也能让他们的大脑得到有效锻炼。

方法二：通过游戏促进孩子的智力发展

一提到游戏，很多妈妈就会反对："孩子都上小学了，该收心了，怎么还能总想着玩呢？现在想让他收心还来不及呢！"持类似想法的妈妈不在少数，妈妈往往把"上学了"和"要努力"联系在一起，很多妈妈还笑称，上学了就是给"小野马"带笼头了。其实事实并非如此，对于1～2年级的孩子来说，快乐第一，学习第二。会引导的妈妈最聪明的做法就是：让孩子觉得学习像游戏一样有趣。

让我们来看一个聪明的妈妈是怎么做的：

儿子上小学之后，数学学习成了一个大问题。由于儿子喜欢玩，上课经常注意力不集中，对数学的兴趣也不大，而且由于经常受批评，对学习产生了抵触情绪。究竟该怎么办呢？我心里非常着急。

最后，我想到了一个办法。有一天，我叫来儿子，故作神秘地对他说："儿子，咱们来做生意吧。"儿子一听就来了兴趣。游戏规则是这样的：儿子拿出他的玩具和故事书，然后标上价格，吸引我来买，我买几件商品之后，儿子必须在规定的时间之内计算出商品的价格，否则交易就不成功。如果交易成功一次，我就奖励给儿子一张卡片。每张卡片按数量可以升级，升级到一定程度我就能实现儿子相应级别的一个愿望。

为了锻炼儿子的计算能力，在跟儿子玩的过程中，我故意"刁难"他，有时候同样的商品拿好几套，有时候故意调换好几次。儿子为了达成交易，也认真仔细地计算着。经过一段时间的锻炼之后，我发现儿子学习数学不再像原来那么吃力了，2年级下学期时还获得了班里速算比赛的第3名。

这里，我们要先为这位妈妈鼓掌！这位妈妈巧妙地利用了孩子"爱玩"的心理，让孩子在和妈妈"做生意"的过程中潜移默化地学会了计算，这种方式远远好于逼着孩子做几份试卷、算几道难题。

爱玩是孩子的天性，也是他们认知世界的一种方式。对于1～2年级的孩子而言，刚刚脱离幼儿园，他们对于"玩"还有着很深的眷恋。因此，在这个阶段妈妈要给孩子玩的权利，引导孩子正确地玩，让孩子玩出快乐，玩出开心，在玩中唤醒好奇心，在玩中认知事物，在玩中进步！

方法三：注重孩子的右脑开发

人类的大脑分为左右两个半球。其中，左脑主要负责逻辑性思维，右脑主要负责形象思维。右脑是人类创造力的源泉，是艺术和经验学习的中枢，右脑的存储量是在左脑的 100 万倍。然而，现实生活中 95％的人，仅仅只使用了自己的左脑。科学家指出在人的一生中，大多数人只用了大脑的 3％～4％，其余 96％～97％都蕴藏在右脑的潜意识之中。一项权威研究显示：爱因斯坦、达·芬奇、居里夫人这些世纪伟人的共同之处就是他们都有着超级发达的右脑。

妈妈必须要把引导孩子学会科学用脑作为教育孩子的一个重要环节，借助合理的方法帮助孩子对左右脑同时进行开发。妈妈们可以从以下几个方面来努力：

★给孩子创造一个音乐环境

音乐可以开发右脑是绝大多数教育学家的共识。尤其是古典音乐，对孩子右脑的开发有很大作用。妈妈可以在日常生活中经常给孩子播放一些古典音乐，这样既能够开发孩子的右脑，也可以培养孩子对音乐的热爱，陶冶孩子的情操。

★经常和孩子一起涂鸦

绘画也是开发孩子右脑的一个好方法，也是锻炼孩子各方面能力的一种综合训练，包括视觉感受、动手能力、听觉描述、语言理解等，对右脑的刺激也是多方面的。妈妈在平时可以鼓励孩子涂鸦，比方说当孩子看了动画片以后，可以和孩子一起把刚才看过的情景画下来。

★鼓励孩子多想象

培养孩子的想象力，对于提高孩子的右脑开发效果也很有利。

想象力丰富对孩子日后的发展益处多多，妈妈平时可以有意识地对孩子的想象力进行训练，在日常生活中可以这样引导孩子：

• 给孩子讲故事时，要求孩子给故事设计不同的结尾；

• 和孩子看连环画的时候，故意捂住一张，让孩子想象下面会发生什么；

......

开发右脑，是一个长期的过程，甚至可以说这一过程将伴随孩子一生。妈妈们在这方面最重要的是不要存有功利之心，也不要觉得开发孩子的右脑是一项任务和工作，想想看：和孩子一起做做游戏，看着孩子开心的样子，对妈妈而言，不也是一种幸福吗？同时，对孩子而言，他们最需要的也是快乐，可以说，拥有快乐童年的孩子，智力发育一定不会比别的孩子差。

1～2 年级，孩子良好习惯养成的最佳时期

孩子从幼儿园进入小学后就必须学会自我控制和管理，一些不好的行为习惯就不能像幼儿园时期那样受到"纵容"，而孩子的一些坏习惯偏偏会在此时完全地表现出来，比如粗心、拖沓、缺乏耐心、说谎、骂人、不讲卫生等。所以说，1～2 年级是孩子习惯养成的关键期，也是最佳时期，妈妈们必须在这一时期帮助孩子养成良好的学习和生活习惯，让他们以最佳的状态开始自己的学习和生活。

一位妈妈对邻居苦恼地说：

我女儿刚刚上小学一年级，可她有很多毛病，比如丢三落四、写字慢、不注意听讲等很多很多小毛病。难道是刚进入正轨有些不

习惯吗？这要到什么时候才能走入正常轨道啊？我每天都在引导她，可她也就是左耳进右耳出，一到关键时刻又忘了，究竟该怎么办呢？

相信很多妈妈都有同样的感受。小学 1～2 年级是孩子人生和梦想的起点，这个年龄段的孩子已不再像幼儿时那般对外界充满恐惧，不再像以往那样依赖妈妈，日渐膨胀的自我意识告诉他们——"我想干什么""我不喜欢这些"，而当他们的愿望无法得到满足时，就会出现种种不当的行为，诸如不按时完成作业、缺乏耐心、懒惰，等等。

了解园艺知识的人都知道，要想让一棵小树按照预期成长，在其生长最快速的时期，剪掉它们胡乱生长的枝枝杈杈是最好的方法。因为这时的小树生长力旺盛，小枝条又没有长成，剪掉之后，不但对小树的生长影响不大，而且剪掉的地方树皮会更厚，还会杜绝小枝条再次萌发。而 1～2 年级的孩子就像是小树，问题和毛病就像是枝枝杈杈，小树要成长，枝枝杈杈是难免的。但是，如果妈妈们能做一个称职的园丁，巧妙地利用这一时期，反而能引导孩子养成受益一生的良好习惯。以学习习惯为例，妈妈可以引导 1～2 年级的孩子培养下列习惯：

爱书——学会包书皮，不磨损、折皱书角，不在书皮、书页上乱涂乱画。

写字——握笔姿势正确，坐的姿势正确，字体力求美观。

作业——独立思考，按时完成。

用工具书——会用老师推荐的工具书解决一些学习上的困难。

写日记——坚持天天做，学会拣重要的记，力求有新意。

阅读——每天阅读课外书籍，养成良好的阅读习惯。

……

其实，每个孩子可能都有自己不同的特点，只要做妈妈的再细心一点，发现孩子的特点，根据这些特点对其进行习惯培养和教育，一定能收到好的效果。

下面是给妈妈们的一些建议：

建议一：在习惯的培养方面，妈妈要尽量扮演"教练"的角色

孩子的头脑就像一块海绵，吸收着人生的各种经历；它还像一架摄像机，捕捉着他听到和看到的一切，把所有的图像存储到脑海中为日后所用。这些存储起来的图像，尤其是被孩子生活中的重要人物频繁地重复的图像，就构成了孩子个性的一部分。

作为妈妈，我们的任务之一就是提供良好的素材让孩子学习。妈妈应当经常在行为、举止等方面给孩子树立一个最好的榜样，要求孩子做到的，妈妈首先要做到。例如，讲话时要注意礼貌、举止要文雅、表现出高尚的道德行为和良好的习惯……如果妈妈能够经常这样以身作则，在这种长期熏陶下，孩子必然可以在无形中得到最佳的教养，在不知不觉中形成良好的习惯。

一位妈妈曾经在博客里写道：

自从儿子第一天学围棋开始，为了给儿子做个好榜样，我就坚持每天晚上7点以后和他一起做围棋习题，下下围棋，到现在大概有9个多月了，偶尔有几次回到家已经很晚了，我就直接让他洗澡睡觉，没有提围棋的事，但是我儿子会主动地提醒我"妈妈，今天没有下围棋，你忘了。"原来这几个月来，他已经养成了每天拿出一定的时间练习围棋的习惯。

卡尔·威特在《儿童早期教育》中写道："让孩子幸福，你就必须处于幸福状态；让孩子自信，你首先必须自信。"如果妈妈们能始终如一地坚持严于律己，就会给孩子以耳濡目染、潜移默化的影响，教育出一个拥有良好习惯的孩子，并得到孩子发自内心的尊敬和爱戴。

建议二：激励孩子，让孩子自觉、主动地约束自己

很多妈妈觉得培养孩子的好习惯是最伤脑筋的事情，对妈妈、对孩子都是耐心和毅力的极大考验。无奈之下，妈妈在"好言相劝"失去作用之后采用"逼"和"压"的方式，也不管孩子内心怎么想，打着培养孩子习惯的口号强制孩子"服从"。

"不是说好做完作业再去玩吗？"

"你答应妈妈养成周末早起的习惯，怎么又不听话了？快点起床！"

……

其实，最高明的教育应该是春风化雨，不露教育痕迹的。在培养孩子习惯的过程中，做妈妈的可以经常跟孩子动动"心眼儿"。

一位妈妈曾经在博客里这样写道：

儿子刚读一年级时，老师每天都会留点家庭作业。作业虽然不多，但因为儿子没有养成做作业的习惯，每次写作业时他总是拖拖拉拉半天做不完。于是，我想了一个办法，每次儿子一回家，我就对儿子说：

"儿子，快点，写完作业带你到桥头公园去滑冰。"

"儿子，好好写作业，今晚妈妈陪你看一部动画片，非常好看。"

"儿子，如果你在半小时之内把作业写完，爸爸今天晚上就陪你下棋。"

儿子一听，高兴得不得了，赶快认真写作业，我也一一兑现我的诺言。通过这个办法，一次、二次、三次……他快速认真地完成作业的良好行为得到不断的重复，最终养成了按时完成作业的良好习惯。

有一段时间，儿子喜欢晚睡，有时到了晚上 10 点都不肯睡觉，早上又起不来。我就对儿子说："儿子，你不是想打羽毛球吗？你要真想打球，早上爸爸可以陪你打球。"

儿子听说老爸终于肯陪他打球了，非常高兴，晚上早早地就上床睡觉了。第二天早上，我高喊："儿子，起床喽，打球去喽。"儿子一骨碌从床上爬起来，高高兴兴跟他爸爸打球去了。就这样，打了一段时间的球，儿子晚睡晚起的坏习惯也就没有了。

以上两个例子，我都是利用孩子的心理需求来帮助他养成良好的行为习惯的，而不是靠威胁和强制的手段。

有一句话说得好："行为乃发自我们的基本欲望。""天底下只有一个方法可以影响他人，就是提出他的需要，并且让他知道怎样去获得。"这是美国著名成功学大师卡内基的名言。如果妈妈采用的方法得当，学会激励孩子，孩子就会自觉、主动地约束自己，从而养成好习惯。

建议三：肯定孩子，发现孩子的优点

"即使全世界都看不起你的孩子，你也要矢志不渝地去赞美他，欣赏他，给予他奋进的信念。"这句话对 1～2 年级的孩子而言尤为适用。

大家都知道，1～2 年级的孩子正处于自我意识的萌芽期，他们对于外界的评价表现得非常敏感。孩子的自我评价在很大程度上决定着其习惯的好坏。如果孩子身上出现了某种缺点且一时又无法改正，妈妈要引导他去发现自己的长处，多去赞美他的优点，多去激发孩子的自信心，孩子就会认为"原来我还是挺优秀的"，从而愈发希望得到外界的称赞。基于这种良好的自我评价以及获得表扬的欲望，孩子才会更加努力地向着良性方向发展。

在孩子做完作业时，妈妈可以说："今天功课做得很快，很认

真！真棒！"在孩子终于不再睡懒觉时，妈妈可以说："今天早上妈妈没有叫你，你自己起床，而且还没有迟到，妈妈很高兴！"这些简单的称赞语就有可能使孩子形成良好的习惯。

经常肯定孩子的行为，孩子不当的行为会越来越少，适当的行为会越来越多。只要妈妈始终用一颗爱心去发现孩子身上的闪光点，善于捕捉任何一次瞬间即逝的教育契机，不失时机地给予孩子鼓励，对培养孩子良好的行为习惯将起到积极的作用。

建议四：别忽视"小伙伴"的力量

孩子在幼儿时期，由于对外界接触少，家庭影响力相对要大一些，但进入儿童期以后，由于孩子对外部环境有了一定的认知，并且逐渐建立起了自己的交际圈，所以家庭对于孩子的影响力会逐渐减弱，而孩子所在的群体——同龄伙伴的影响力则会逐渐增强。

在1～2年级这个时期，如果发现孩子身上滋生出某些不良习惯，妈妈们不妨试着为他们找一个"比赛"对象：

"你的好朋友明明已经可以做到自己收拾房间和晚上9点准时睡觉了，你可以做到吗？"

"晶晶好像从来不需要妈妈叫她起床，我相信你也可以做到！"

……

有句话，妈妈们一定非常熟悉："行为养成习惯，习惯形成性格，性格决定命运！"可见，良好的行为习惯对孩子的一生起到了决定性的作用。家庭是习惯的学校，父母是习惯的老师，在家庭教育中，如果妈妈抓住了行为习惯培养这个根本，就抓住了家庭教育最有效的一条途径。

抓住孩子学习能力培养的重要期

在生活中，我们常常会发现这样的情况：阅读一篇相同的文章，有的孩子能够复述出 70%，有的孩子只能复述出 30%；抄一篇相同的课文，有的孩子很快就抄完了，而且字迹工整，有的孩子不仅抄写速度慢，而且字迹潦草，还常常丢三落四、缺胳膊少腿；再比如，听写生字，有的孩子看几遍就记住了，有的孩子却需要抄写许多遍，当天晚上记住了，过几天又忘得差不多了……

其实，大多数孩子的智力水平都差不多，但是为什么会出现如此大的差别呢？最核心的原因是学习能力的差异。学习能力主要包括视觉能力、听觉能力、阅读理解能力以及逻辑推理能力。其中视觉能力和听觉能力是最基础的学习能力，基本上伴随着小学生所有科目的学习过程。

小奇是小学 1 年级的学生，平时活泼好动，聪明伶俐，可是学习成绩就是上不去，主要表现就是上课注意力不集中。最让老师和妈妈不解的是，小奇经常听错老师的话，比如：学汉语拼音时，经常 t 和 d，k 和 g 不分，甚至将布置的作业都记错了，而且小奇说话时有些发音也不准确。

妈妈只好带小奇去看医生。经过专家咨询及测评，小奇的智商、发育系统都正常，问题出在听讲能力有所欠缺。专家建议小奇的妈妈对小奇的训练应首先从听觉辨别力开始。

对一些孩子仔细观察之后可以发现，很多孩子学习效果不理想与学习能力有很大关系。有些孩子写作业、抄课文速度非常慢，仔细观察就会发现，这些孩子写一个字往往需要看好几次书本，这说明孩子的视觉记忆能力和追踪能力较差；有的孩子阅读的速度非常慢，经常出现漏字、读错字、跳行的现象，读完之后回答问题有困难，这可能和他的视觉分辨能力落后有关；还有些孩子上课听讲坐得很直，看上去很认真，听课质量却不高，老师提问的时候经常答非所问，排除分心的因素，很有可能与孩子的听觉记忆和分辨能力落后于他的实际年龄有关，导致这些孩子难以记住一连串的声音，不能准确复述别人讲过的话，记不住老师的讲课内容，跟不上老师的思路，听课的效率和质量自然可想而知。

案例中的小奇就是因为听觉辨别能力差而导致学习能力差，学习成绩上不去。此外，有些孩子不能按老师的要求做，破坏规则，不按时或不按要求完成作业，也与听觉的辨别力有一定关系，以致由于听不懂或听不清而屡犯错误。当然，每个孩子都会有不同的情况，同样是不听话，有的孩子可能是性格原因，并非全部是听力原因，只有先找到孩子学习能力差的真正原因，才能对症下药，解决孩子的实际困难。

所以，妈妈一旦发现自己的孩子在某些方面和正常孩子有所差别，先不要责怪孩子，最好带孩子去看看儿童专家，找到孩子的症结所在，再根据专家的建议，有的放矢地提高孩子的学习能力，早发现早训练。孩子的年龄越大，矫正起来就越困难。

除此之外，基于体内基因的不同，每个孩子在出生以后，都会形成其特有的思维模式，受这种固有思维的影响，他们的学习特点亦会表现得不尽相同，这就要求妈妈必须掌握好孩子的性格特点和学习规律，运用正确的方法，有针对性地帮助孩子扫除学习上的障碍。具体来说，孩子的学习类型大致可以分为中规中矩型、人际敏感型和固有己见型三类，妈妈可以有针对性地分别入手，有效地提升孩子的学习能力。

方法一:"中规中矩型"的孩子——详细的计划适度灵活

这一类型的孩子,在学习方面具有很强的条理性。他们会将自己的学习计划安排得井然有序,例如,哪一时段用来学语文、哪一时段用来学数学、哪一时段用来休息,等等,而且对于妈妈的规则性要求,他们往往也很乐于接受。但是,"中规中矩型"的孩子在灵活学习方面有着很大欠缺,这种"中规中矩"很容易被带进具体的学习中,即不知变通。比如:他们会认真听课,但是从来不去质疑听课的内容;他们会认真完成作业,但是很可能不去主动做额外的练习;他们会全盘接受所学的内容,但不会寻找自己的薄弱环节,进行具体的重点训练。针对孩子的这种特性,妈妈们在进行学习教育时,若能采取以下方法,相信效果会很不错。

• 培养孩子的主动性。让孩子自觉、主动地学习,就要帮助孩子提高学习兴趣,寻找到学习动机。

• 培养孩子的灵活性。平时给孩子出一些"脑筋急转弯",让孩子的大脑变得灵活,这样才能使孩子到具体的学习活动中知道变通。

方法二:"人际敏感型"的孩子——唤起学习的使命感

顾名思义,这一类型的孩子十分看重人际关系,他们往往会因为老师、同学、妈妈的几句话而影响学习。在他们口中,我们常常会听到这样的话:"为了不辜负爸爸妈妈的期望,我一定要好好学习……"

不难看出,"人际敏感型"的孩子带有很强的使命感,他们的学习动力,主要来源于人际关系。所以,针对这一类型的孩子的特性,妈妈不妨在他们的学习目标上添加一些"人际"因素,唤醒孩子学习的使命感,他们就会表现得勇往无前。

方法三：“固有己见型”的孩子——不要主观要求

“固有己见型”孩子最显著的特点是：不喜欢被强迫，很重视学习的客观性，如果学习的环境让他们感觉不舒服，或是对所学知识不感兴趣，那么即便妈妈们磨破嘴皮子，他们仍然会我行我素。同时，他们做事的系统性很强，往往要几经深思，才会付诸行动，因而常会给人一种慢悠悠的感觉。不过，“固有己见型”的孩子大多对于完美情有独钟，如果他们自愿去做某件事，就一定会力求完美，否则就干脆不做。在生活中，他们常常被冠以“倔”的称号。对于这类型的孩子，妈妈可以为自己带有主观色彩的学习要求画上一抹神圣的光环——“能做××事的人，才是真正的强者”，化主观为客观。这样，他们很可能就会带给你一个意外的惊喜。

“我是谁”——1～2年级是孩子自我意识的养成期

常常听到妈妈们的担心：

孩子上小学之后，变得有些难以琢磨了。孩子上幼儿园的时候，他简直就是妈妈的小尾巴，不管妈妈走到哪儿，都缠着妈妈。妈妈虽然觉得有些麻烦，但是内心是甜蜜的，看着孩子渐渐长大，一种难以名状的成就感油然而生。可是孩子上了小学之后，好像渐渐地开始忽视妈妈的存在，不再像原来那样时时黏着妈妈了。孩子究竟怎么了？妈妈有时感觉心里空落落的。

其实这是正常现象，对此妈妈不但不用担心，而且应该为孩子的变化感到高兴，这是孩子的翅膀渐渐长成，自我意识正在萌发，孩子正在长大的标志啊！

处于1～2年级的孩子，有很多言行举止都在向妈妈宣告自己的存在：他们在做自我介绍时，不再强调我住在什么地方、我的妈妈做什么工作，而是明确地指出我的性格如何，我对什么感兴趣等等；他们热衷于自我评价，同时对外界评价表现得十分敏感；他们时而自信满满，时而又垂头丧气……

种种迹象表明，从1～2年级开始，孩子的自我意识已经进入了高速发展阶段。妈妈一定要注意个孩子成长的这一个关键期，由于自我意识的成长，孩子的自尊心往往很强，害怕受到来自他人的批评，喜欢以他人的评价来衡量自己，极易受他人及所处环境的影响，因此在这一阶段，妈妈要尽量给予孩子正面的评价，建立孩子的自信心。

接下来就为妈妈介绍几种在孩子自我意识发展期对孩子发展有正面意义的引导方法。

方法一：帮助孩子认识自我

妈妈可以运用树立榜样让孩子通过比较，认识到自己的优缺点；通过成人及同伴的评价来了解自己的人品；通过参与活动，从而认识自己的特长。只有让孩子认识到"自我"是怎样的，他才会知道怎样去表现自己。

儿子小时候由于身体不好，所以运动能力一直比较差。上小学之后，儿子刚开始很兴奋，但是没过多久，我就发现他每天放学回家心情都有些低落。我看在眼里，急在心上：这究竟是怎么回事呢？通过我的了解得知，儿子和同学们每次下课之后，都会在操场上玩游戏，但是儿子的运动能力比较差，所以他往往会拖累和自己一组的其他同学，很多同学就给他起了个外号叫"大包袱"。儿子刚7岁，正是自我意识建立的时期，如果此时被贴上这样一个标签，他的一生可能都会认为自己是一个"大包袱"。为此我非常着急，开始和老公一起想办法。

首先，我们偷偷找到老师，说明了情况，让老师在陪孩子们做游戏的时候，暗中照顾一下我的儿子，鼓励同学带他一起做游戏。

然后，我找来了一些运动明星小时候的资料，并跟儿子说："你知道吗？其实有些运动明星小时候运动能力也不好，那是因为他们需要比别人积攒更多能量，就像小汽车发动比较快、大卡车发动比较慢一样，但是大卡车一旦发动起来，力气可比小汽车大多了。其实你也一样，现在运动能力差，恰恰是你有运动潜力的表现呀！"儿子听了我的话有信心地点了点头。

最后，我发动丈夫每天带儿子去锻炼身体，提高儿子的运动能力。由于对自我认识转变了，再加上运动能力的提升，儿子每天都在进步着。

在资本市场有一句话叫："信心比黄金更宝贵。"其实这句话也适用于正在自我意识发展期的孩子。要知道，这一阶段的孩子，成绩差、体育差甚至智力差都没关系，但是如果将这些标签早早地贴在孩子身上，那他们的一生就可能会背负这些标签，人生之路就将比别人更崎岖。

方法二：帮助孩子建立良好的人际关系

自我意识是在行为中表现出来的，只有积极引导孩子学会关心他人、尊重别人、乐于助人，构造良好人际关系，才能让孩子在人与人之间良性的互动中感受真情，进而完善自我意识。

"以自我为中心"是人类的一种通病，这种心理之所以在1～2年级孩子身上表现得尤为明显，是因为孩子的自我意识还没有得到完善，他们虽然已经认识到自己是一个独立存在的个体，却并没有意识到个体生存所应遵守的规则及受到的制约。

其实对于这一点，妈妈不必过于担心，因为只要引导得当，孩子大多不会在成年后形成自私、自负、缺乏责任感的不良品性。在这里，笔者建议妈妈不妨试着让孩子去"吃一点亏"。例如，面对孩子不肯做家务的毛病，妈妈们可以在吃饭时不摆他们的碗筷，让孩子自己去取。久而久之，他们就会在"吃亏"中逐渐总结经验，进而懂得做家务也是自己的一份责任。

方法三：培养孩子的自省能力

有一个妈妈在博客上写道：

读一年级时，有一次数学单元考试，题目是"人民币计算"，女儿只得了79分。放学后一上车，女儿就神色紧张地往我手里塞东西，原来是一张纸条。上面工整地写着："妈妈，今天我没考好，得了79分，下次我一定努力争取考100分，请妈妈见谅！"

"宝贝儿，这次你只考了79分，你不要灰心，只要你认识到自己哪里不懂，抓紧时间补上，下次一定能考好。"接下来的一段时间，女儿每天在家用硬币、纸币和我进行"交易"，也算成了一名"账房小先生"。后来的一次考试她得了99分。

案例中的孩子的自省能力就很强。孩子犯错之后，就会对自己产生责备的情绪，会感到后悔和羞愧，这就是自省能力。如果孩子自省能力不强，往往就会一错再错，而人类之所以进步，就是因为人类会从错误中吸取教训。

当孩子犯错误时，妈妈不要一味地指责孩子，而要心平气和地指出孩子的错误，促使孩子学会自我反省，激发起他们内在的纠正错误的意识，这样孩子在今后的生活中，就会少犯或是不犯类似的错误。妈妈一味地指责和惩罚，出于自尊和报复心理，孩子会产生"反正我已经受到惩罚了"的情绪，以致一错再错下去。

老师来聪聪家里家访了，因为最近聪聪上课总是爱睡觉，无精打采的，老师来看看是不是家里发生了什么事情。聪聪的妈妈立即意识到孩子是因为玩游戏睡觉晚，才导致现在的状况。

妈妈向老师道了歉，将老师送走后，她没有立即批评聪聪，而是将电脑从他的卧室中搬走，还以减少他一个月的零花钱作为惩罚。聪聪虽然很不高兴，但他也知道这次自己错在哪里，也甘心接受了妈妈的惩罚。

案例中的妈妈利用让孩子承担做错事后果的方法，让聪聪对自己的行为后果进行反省。很多妈妈喜欢为孩子承担后果，使孩子认为即使做错了也没有什么关系。一些妈妈认为，1～2年级孩子年纪小，犯了错是正常的。但是这并不意味着孩子不需要为自己的错误去承担责任，纵容只会让孩子一错再错。

作为妈妈必须有一个本领——既能让孩子改错，督促他进步，又能保持孩子自尊不受伤害，让他从小学会自责、自省、自励、自强不息等良好品质，让孩子热爱生命，幸福一生。

步入社会第一步——1～2年级是孩子认识社会的萌芽期

我们把人从出生到成人的过程称为"社会化"。一个人在刚刚出生时可以说是"动物人"，在成长过程中通过人与人之间的相互作用和相互影响，才慢慢从"动物人"变成"社会人"。

对于1～2年级的孩子来说，小学就是他们的"小社会"，在这个"小社会"里，他们要明白什么是纪律、什么是准则、如何和老师与同学打交道、如何应付各种困难、如何对待别人、如何保护自己等等，而这些事情的解决方式和方法将会影响孩子的一生，成为孩子真正走向社会之后的行为模式和习惯。

如何知道孩子的社会化程度呢？美国精神病学会给儿童制定的"社会化"诊断标准很有参考价值：

• 至少有一个同龄朋友，并且友谊至少维持 6 个月；

• 在看不到有什么好处的情况下能够主动帮助别人；

• 做了错事，造成了明显的不良后果，但在未被人发现的时候，能够主动认错；

• 别人做了对自己不利的事时，能够原谅别人，不指责也不告状；

• 对朋友或同伴表示关心，或者能够分享别人的幸福和快乐，如为别人生日、考试优秀、获奖等感到高兴，主动向别人祝贺。

东东的爸爸妈妈最近在一个问题上产生了分歧，爸爸认为应该给东东安排一些社会活动，成天关在家里不出门，来了客人都不会打招呼，以后到社会上怎么和人交往？东东妈妈则认为，别人都羡慕我们的孩子"坐得住，会读书"，一定会考个好学校，社会交往那是以后的事。

案例中，东东父母争执的焦点是对孩子的"社会化"存在认识问题。

孩子进入学校，等于社会化的第一步。很多孩子刚步入校门时往往不太适应，就如同刚上幼儿园时一样哭闹和挣扎。可是，这一切都没办法，都是成长的需要，孩子必须最快地融入班集体，必须让自己的状态符合学校环境，否则，孩子的学习不仅会受到影响，而且会对性格和心理造成不良影响。其实，这就是一种简单的社会化培养。孩子进入陌生的地方，就要与环境发生关系，关系处理得好，孩子就会健康成长。那么，如何既让孩子走得出去，又让他的性格不扭曲呢？

方法一：善于和孩子沟通，从小培养良好的品行

其实学校就是一个小社会，在这里所学的不仅是知识，跟同学和老师如何相处，如何交流沟通，都是需要孩子慢慢学习的。

有时候女儿回家和我念叨不喜欢某个同学，我问为什么，女儿就能说出一堆那个同学的不是，但是我让她举个该同学的优点，女儿说暂时还没有发现，我就让她回学校观察一周。一周后，女儿回来告诉我，其实这个同学挺有爱心的，从家里给班里拿垃圾袋。通过这样一件小事，我就告诉女儿：每个人都有自己的优点，也都有自己的缺点，不要老看别人的短处，那样你总是觉得人家不好，但如果你发现他的优点，也会觉得这个同学还是很可爱的……

只要妈妈细心一点，及时跟孩子沟通，让孩子把自己的想法说出来，就能及时发现孩子的问题。每个孩子都有成长的过程，其实这些交流中，慢慢地就成为他们认识社会，培养自己品行的过程。

方法二：让孩子多参加班级和集体活动

如果孩子在学校有能力参与学校的集体活动，或者是做班干部管理同学，妈妈就应该全力支持孩子去做，并且协助孩子去完成这些任务，这对孩子社会能力的培养有很大帮助，同时孩子在完成这些事情的时候，还能够获得一种自信。

一位妈妈分享了自己的教子经验：

自从儿子2年级时当上了班干部，上学的积极性明显感到比以前高了许多。现在即使老师不在，他和其他几个班干部都能把同学管得好好的，这让老师感到特别欣慰。其实儿子的性格本来是挺内向的，但是现在比上1年级的时候可是开朗活泼多了，而且做事也很有条理，在同学中的威望很高……

所以，妈妈平时要鼓励孩子帮助同学和老师做一些力所能及的事，这样一来，孩子在学校生活中就会有更多的发展空间。

方法三：让孩子明白"规则"的重要性

从年龄上来看，1～2年级的孩子大多数都能准确地接受妈妈和老师所传达的指令，新的规则刚下来，便开始自己新的学习和生活。

而现在的孩子大多是独生子女，生活在优越的环境里，独自长大，缺乏社会交往经验，所以，妈妈在教育孩子的过程中就要尽可能地告诉他遵守社会规则，这样，孩子走入社会才不至于因反差太大而不能适应。

而有一位妈妈是这样让孩子懂得规则的重要性的：

儿子跟爸爸的打斗游戏很重要，这时候，我和老公就趁此机会教给他一些规则，比如不许打脸，不许抓头发，这是游戏，不能把爸爸打疼了。严重的时候，我还要拉下脸来，狠狠训斥。我还会告诉他，比赛必须按规则进行，输赢都要承担，否则，没人跟你玩。

经过这样的教育，孩子当然就知道了什么能做，什么不能做，明白什么叫规则。比如妈妈平时要告诉孩子：粗野、粗俗的行为不能有，别人的东西不可以拿，不可以打扰别人，做错事要道歉等。

李开复先生说："虽然我相信启发式教育的优越性，但我同时也相信严格管教的必要，孩子们的成长既需要启发，也需要纪律和规矩。"关于"规矩"，他总结出了四条定律：

• 定好规矩，但首先要把与规矩相关的道理讲清楚，不能盲目地要求孩子服从；

• 在规矩的限制范围内，孩子有完全的自由；

• 违背了规矩，孩子将受到预先讲好的惩罚；

• 规矩越少越好，这样才能发挥启发的功效。

妈妈不妨借鉴一下，在保证孩子快乐成长的同时让他懂得一定的规则。

1～2 年级孩子教育的优势与劣势

通过前面的探讨，我想妈妈们在孩子的智力开发、习惯培养、学习能力训练、自我意识强化、社会认知力引导等方面，一定已经有了一定的认识。那么在本章最后，我想再简单总结一下 1～2 年级孩子教育方面的优势与劣势，以便妈妈对这一时期孩子的心理特点有一个更为深入的了解，进而更好地实施自己的教育方针。

前文已经详细阐述过，1～2 年级是孩子健康成长的一个关键期。在这一时期，他们的智力发展正经历着人生的第二个黄金期，不良的习惯和性格初露头角，一切都还没有定型，所以妈妈只要能够秉持正确的教育态度与指导手段，很容易就可以将孩子身上的毛病去除，培养出一个"德、智、体、美、劳"全面发展的优秀孩子。很明显，这是我们对 1～2 年级孩子在教育方面所拥有的最大优势。

但另一方面，这一时期的孩子又处于心理发展的一个极不稳定阶段。他们虽然每天蹦蹦跳跳，偶尔恃宠而娇，表面看似平静无奇，但心理状况却极为复杂，有时仅仅是一件看似无足轻重的小事，就会令他们的内心泛起巨大波澜，这无疑为妈妈们的家庭教育增添了一定难度。在这种情况下，妈妈必须做好充分的准备，准确把握孩子的每一次微妙心理变化，以针对性的策略进行引导，牵着孩子的小手，带领他顺利走过这段不平坦的路途。

以下是对 1～2 年级孩子这一时期心理特征的一个归纳、总结，在这里与大家共同分享。

特征一：情绪方面

对于1~2年级的孩子而言，学习活动及学校生活是影响其情绪变化的主要因素。他们在学习活动中所经历的种种，如考试成绩不好、班长竞选失败、与同学发生矛盾等，都会成为情绪大幅波动的"导火索"。同时，这一时期的孩子由于自我控制能力还不完善，情绪容易外泄，所以经常会表现出较大的冲动性。

不过，对此妈妈大可不必过于担心，因为从总体上看，这一现象完全可以说是1~2年级孩子的共性。只要妈妈适时控制一下，避免不良情绪过度滋生、蔓延，随着孩子年龄的增长以及对校园环境的适应，他们的情绪就会慢慢平复下来，逐渐进入稳定、正常的轨道。

特征二：行为方面

1~2年级的孩子在行为方面还不成熟，很容易受外界影响，带有很强的模仿性与盲动性。例如，他们看到其他小朋友在玩玻璃球或是看动画片，就会对此产生兴趣，自己也兴致勃勃地玩起来。这时，就需要妈妈准确把握好孩子的行为特点，以恰当的方法为孩子指引方向。例如，如果孩子沉迷于卡通三国图片，妈妈们完全可以向他讲述关云长是何等的义薄云天、赵子龙是如何在百万敌军中单骑救主、张飞怎样大吼一声当阳桥断……寓教于乐，将孩子的兴趣不动声色地转移到学习上来。

特征三：兴趣发展方面

1~2年级的孩子正处于兴趣形成的萌芽期，这一时期，他们的兴趣是多样的，多变的不良喜好很容易在这一阶段滋生出来。不过反过来说，如果妈妈能够掌控大局，及时矫正，耐心引导，这一阶段无疑又是孩子良好兴趣养成的黄金期。

在这里需要说的是，妈妈们在教育的过程中必须秉持这样一种观念——孩子的兴趣不等于是妈妈的兴趣，妈妈没有必要将自身的兴趣及喜恶强加给孩子。否则，只会抑制孩子的兴趣发展。

曾见过这样一位妈妈：

这位妈妈儿时非常喜欢音乐，但受经济条件限制，自己的音乐梦想一直无法实现。有了女儿以后，她就将自己的梦想寄托到了孩子身上。在听闻郎朗的成名经历以后，她便下决心要将孩子打造成一个音乐明星。于是，每逢节假日，她都会带着孩子去音乐特长班学习古筝。但孩子的兴趣根本不在这里，别的小朋友在专心练习的时候，她不是看看这里，就是看看那里，有时甚至索性趴在古筝上大睡起来。

这位妈妈从老师那里得知这一消息以后，不禁怒火中烧，狠狠地打了女儿一顿，而女儿一气之下，竟然两天没有吃饭。自此以后，无论妈妈再让她学什么，她都会摆出一副"打死也不去"的架势，坚决与妈妈作对到底。

很显然，这位妈妈的做法就有些过于自作主张了，非但没有达到预期目标，反而激起了女儿的逆反心理，久而久之，亲子关系也会因此而淡薄。

总之，科学合理的家庭教育是建立在平等的关系上的，关键在于亲子间的沟通、探讨和决定。其中，对孩子的兴趣培养尤为如此，无论孩子的兴趣是什么，只要合理，妈妈们就要细心地去呵护和培养。

第二章 ｜ 探索孩子内心成长的秘密

1～2年级的孩子正处于心理发育关键期，这个时期，他们情感外露，喜怒无常，依赖性强却又我行我素，性情乖张却又极易受到外界伤害，自我意识正在萌发却又极易受外界左右。这个时期，妈妈的放任不管和过度照顾都会对孩子健康人格的养成造成难以挽回的影响。所以，如何正确进行心理疏导，是1～2年级孩子妈妈教子的重中之重。

帮孩子完成"幼小衔接期"的心理过渡

所谓"幼小衔接期"，是指孩子从幼儿园升入小学的最初阶段，其时间跨度从幼儿园持续到小学低年级。处于"幼小衔接期"的孩子，往往会出现贪玩、注意力不集中、没有时间观念、没有规则意识等种种不适应症状，令妈妈们大感苦恼。

为什么会出现这种情况呢？原来孩子由幼儿园进入小学，并非仅仅是升学这么简单的概念，他们要面对一些对他们而言甚至稍显痛苦的"断层"：

★关系人和行为规范的断层

幼儿园老师和小学老师的角色定位是不同的，相对于被称为"第二妈妈"的幼儿园老师而言，小学老师对孩子要求更严格，学习期望更高。而随之衍生的结果就是孩子进入小学后，必须学会正确地认识自己，融入集体，他们以往的感性将渐渐被理性和规则所代替。这种关系人和行为规范的变换，对孩子的压力和负担是不言而喻的。

★学习方式的断层

在幼儿园中，老师更注重孩子情感及心理的健康发展，他们将娱乐融入教学，并通过游戏形式来达成教学目的。进入小学以后，孩子们将逐渐脱离以往那种寓教于乐的教学模式，转而进入相对乏味的学科课程。孩子面对比幼儿园更重的压力，如果妈妈和老师这时忽视孩子的心理及情感转变，就会导致孩子出现诸多问题。

★社会结构的断层

孩子进入小学后与幼儿园的友伴分离，需要重新建立新的人际关系，结交新朋友，重新寻找自己在团体中的位置并为团体所认同。孩子如果在这方面没有处理好，很容易出现自卑、胆小、厌恶交际等心理问题。

由于上述原因，有些孩子在进入小学阶段开始出现不适应症状：为了寻求心理上的平衡，一部分孩子会选择重拾"幼儿园乐趣"，继续将"玩"当成自己的主要任务；一部分孩子会对学校及老师产生抵触心理；面对压力，还有一些孩子会表现出极度的不自信。

由此不难看出，"幼小衔接期"完全可以称得上是孩子人生的一个关键转折点，其影响力不亚于"小升初"或是考大学。既然"幼小衔接期"在孩子的人生中占有如此重要的分量，那么，作为妈妈又该如何引导孩子顺利度过这一关键时期呢？

方法一：引导孩子认识到角色的转变

孩子"幼升小"的第一个变化，就是身份的转换。妈妈首先要认识到这一点，在孩子进入小学之前，适当地对孩子进行"学前激励"，激发孩子的入学欲望，唤起孩子的入学热情，使他对新的学习生活充满期待。不过，有很多妈妈虽然注意到了这一点，可是方法却有问题，她们往往会这样对孩子进行"学前激励"：

"小学比幼儿园可强多了，有更多的小朋友，可好玩了！"

"进入小学，你就是小学生了，弟弟妹妹们会很羡慕你的。"

"到了小学，可以学习更多知识，很多你不懂的问题就能找到答案了。"

……

然而，真正踏入小学，发现妈妈所描绘的场景与现实不符时，大部分的孩子会感到极端失望，进而将心目中的美好期望全部否定，甚至会对学校和老师产生抵触情绪。可以说，这样的激励效果恰恰适得其反。

在这方面，有一位妈妈做得就非常好：

我在儿子上小学之前，并没有过多地向他描述甚至夸大小学生活的乐趣，只是简单地告诉他："小学不同于幼儿园，上了小学以后，你就要让自己变得更懂事。"

开学的前一天，我带着儿子前往学校熟悉环境。走过操场、办公室、教学楼，最后我们停在了光荣榜前。我用手指着光荣榜对儿子说："你知道这些哥哥姐姐的相片为什么会贴在这里吗？"儿子摇头。

于是，我告诉他："这个叫做'光荣榜'，与你在幼儿园的'小红花'差不多。不过，幼儿园的小红花只要听话一点，做点小事情就可以得到，而要想登上光荣榜，就一定要品学兼优才行。儿子，在幼儿园里你是'宝宝'，有老师照顾你，多数时间都在玩，到了这里，你就是'学生'了，要慢慢学会照顾自己，要遵守学校纪律，还要将更多的时间用在学习上，这样你才能像哥哥姐姐一样，把自己最漂亮的相片贴在这里。你能做到吗?"

儿子不住地点头，眼中充满光彩："妈妈，我也要把自己最漂亮的相片贴在这里，让小朋友们都认识我。"

我知道，儿子对小学生活已经充满了期待。

这位妈妈非常聪明，她采用心理战术，让孩子在感受到角色变化的同时，又对小学生活充满了期待，进而在心理上真正接受了小学。

方法二：引导孩子将兴趣从玩具转移到课堂上来

孩子脱离幼儿园进入小学后，大多不能很快适应那种相对紧张的学习氛围。于是，他们开始抱怨，开始坐立不安，开始厌烦学习，开始请求妈妈让自己重新回到幼儿园。面对孩子的这种变化，妈妈要给予孩子一种理解和认同，同时引导孩子，去发现课堂的乐趣。

有这样一位妈妈在激发孩子课堂兴趣方面，就有一套独到的方法：

儿子上小学以后，学习兴趣总是不高。一天，他对我说："妈妈，上课真没劲，没有玩具，不能随便动，只有老师一个人在说，我们只能傻坐着。而且课间休息时间那么短，上趟厕所就没时间玩了。"

看着儿子撅起的小嘴，我故作惊讶地说："不可能啊，妈妈当时上小学的时候，觉得上课很有趣啊，比你看的动画片有趣多了。要不然明天你也试着认真听一下课，看看有没有什么有趣的发现?"

儿子听后，半信半疑地点了点头。几天后，儿子放学回来，兴冲冲地跑到我面前说道："妈妈，上课确实挺有趣的。你猜今天老师说'告'字是什么？哈哈，她说'告'是'一口咬掉牛尾巴'。"

很明显，这位妈妈成功的关键就在于，她能够抓住孩子感性、猎趣的心理，因势利导，首先认同孩子的感受，然后再借助孩子的方式来调动孩子的听课欲望，从而使他真正爱上了没有玩具的课堂。

方法三：让孩子成为一只自信高歌的百灵鸟

一位妈妈曾这样向我诉苦：

女儿在幼儿园时，表现非常好，活泼可爱，但是不知为何，自从上小学以后，变得越来越自卑、胆小。她很怕和老师接触，上课时不敢回答问题，有了事情也不敢对老师说。有一次，老师叫她回答一道很简单的数学题，她本来知道答案，但就是因为胆小、不自信，便低着头一言不发，最后竟哭了出来。我真不知道该怎样才能使她变得自信起来。

这个女孩所遇到的问题，应该引起我们每一位妈妈的重视。孩子进入"幼小衔接期"以后，面对环境的瞬间转换，一时间会感到很难适应。这时，一部分孩子在陌生环境下就会变得无所适从，分不清自己是对是错。他们不敢回答老师的问题，不敢与老师正面接触，变得越发不自信起来。如果这时妈妈对孩子的关注不够，就会使孩子"越陷越深"，渐渐变得在困难面前习惯性地选择逃避与退缩。如果任其发展，就会对孩子的一生造成不可估量的负面影响。

事实上，1～2年级的孩子虽然很容易自卑，但同时又很容易获得自信，只要妈妈准确掌握孩子在这一时期的心理动向，根据其特点，有针对性地采取一些引导措施，孩子就会摇身一变成为一只自信高歌的百灵鸟。所以，妈妈在平时要多给予孩子肯定的评价。比如孩子做完一件事，妈妈要告诉他"你做得很好""你真不错"，慢慢地让他相信自己是可以做好很多事情的。此外，妈妈还可以培养孩子一项特长，这样一来，他们的自信心也会在很大程度上被激发出来……

1～2年级，孩子性心理发展的潜伏期

在我上小学的时候，有一天心血来潮，突然问了妈妈一个问题：

"妈妈，我是从哪里来的？"

"你是我从垃圾堆里捡回来的。"

"可是，是谁把我放到垃圾堆里的呢？"

"没事多看看书，别老是想这些乱七八糟的问题！"

这段看上去很平常的亲子对话，却让我一直耿耿于怀，甚至一度怀疑自己到底是不是爸妈亲生的，而对这个问题的疑惑本身也纠缠了我很久。

事情已经过去几十年了，时代不断地在变化，但是我吃惊地发现，对于中国妈妈而言，有关于性的问题，依然是一个保守而敏感的话题。让我们来看看妈妈们对孩子性教育的几种错误的认识和看法：

"孩子这么小，给他们讲这些问题是不是太早了？"

"我也知道性教育的重要性，但是有很多问题我也没办法开口，真不知道怎么教才好啊！"

"孩子长大了自然就知道了，我们小时候谁跟我们说这些啊！"

更有甚者，我曾经遇到过一位妈妈，一听到这个问题，就立刻反驳说："有没有搞错，对孩子进行性教育？那他岂不成了小流

氓了？"

　　其实大可不必担心这些问题，孩子是单纯的，在他们的心中，性就像是吃饭、睡觉一样并不是什么大不了的事，而戴着有色眼镜的往往是成人，他们对性赋予了太多其他负面的意义和观念。对孩子而言，这种现象非常普遍，特别是孩子到了七八岁，往往都会向妈妈提出类似"我从哪里来"的问题。究竟为何这一阶段的孩子，会对这类问题乐此不疲呢？这还要从孩子的性心理发展说起。根据心理学家的研究发现，孩子一出生，其实就有性欲，这是正常的生理和心理现象。在上学之前，孩子一般要经过口唇期、肛门期、阴茎崇拜期三个性心理阶段。在小学1年级左右，进入性沉寂阶段，这一阶段也被称为孩子性心理的潜伏期。这一时期，随着他们社交和社会知识的扩展，孩子开始对自己有所关注，开始对本身进行思考。他们的性好奇心产生，并需要得到满足，这时往往就会问一些和性别、性有关的问题，例如：为什么男人和女人不一样？我究竟来自哪里……

　　同时随着社会意识的建立，孩子因为外界的很多刺激也会对这些问题产生好奇心，比方说：为什么要分男女厕所？为什么不能再像幼儿园时那样，男孩女孩一起吃饭、睡觉？为什么男孩和女孩不能再拉着手上学……产生这些疑问的前提是单纯的，妈妈刚好可以借这个机会，对孩子进行科学的性教育。1～2年级是孩子性心理发展的潜伏期，也是孩子性教育的黄金期。这一时期孩子对于性的好奇单纯而且简单，因此妈妈要抓住时机，给予孩子正确的性教育，帮助孩子建立健康的性观念。这一阶段孩子的性心理就像是种子一般，马上要破土而出，这时候妈妈们应该做的是适当松土，让种子能够正常发芽，而不是采取"堵"的办法，否则，重压之下的种子最后的结果只有畸形甚至是死亡。

知道了性教育的重要性，端正了性教育的思想，如何对孩子进行科学的性教育也是摆在妈妈们面前的一个关键问题。早教专家和心理学家提醒各位妈妈，对于孩子性教育的问题，要遵循以下几点：

• 妈妈们对性问题并不需要难于启齿，要知道早期性教育并非等同于性启蒙。早期性教育是在适度、合理的范围内，以科学、变通的方式向孩子讲述一些基本的生理知识，并不是要妈妈们毫无保留地告诉孩子"性"的一切。

• 对孩子隐瞒一切与性有关的问题，只会使孩子对性的好奇心更为强烈。

• 1～2年级孩子的性教育需做到不刻意、不主动，让孩子对性问题保持正常的心态。

不妨看看下面这位聪明的妈妈是怎样做的：

自从有了孩子以后，我一直在思考一个问题——"如果有一天孩子问我："妈妈，我是从哪里来的？"我该怎么回答呢？果不其然，小家伙4岁那年，突然仰起好奇的小脸说出了这句话。"你是从妈妈肚子里出来的。"我知道，对于一个4岁的孩子而言，这样的回答足以满足他的好奇心了。

孩子长到7岁时，竟然再一次提出了这个问题。幸亏我早有准备，于是，我将已然在心中演练无数遍的这段话讲给了孩子听："爸爸的肚子里有一颗种子，妈妈肚子里有一个房子。爸爸妈妈结婚以后，爸爸将种子送给了妈妈，妈妈就把它放到了这个小房子里。后来，这个种子变成了小宝宝，他吸收着妈妈身体里的养分，一点点长大，等到大得装不下了，妈妈就到医院把他取了出来，这个宝宝就是你。"

"那妈妈，我也有种子吗？"这小家伙的好奇心还挺重。

"你现在还没有，要等长大以后天使才会送给你，而你要再把它转交给自己的妻子，就像爸爸妈妈这样。"

"哦，原来是这样啊。那妈妈你去医院把我取出来的时候疼吗？"

"当然疼，但为了宝宝能够早点陪妈妈一起玩游戏，我就忍住了。"

"妈妈你真好！"小家伙凑过来在我脸上亲了一下，转身拿起自己的玩具玩了起来。

由此不难看出，1～2年级的孩子对于性的好奇并不强烈，妈妈们完全可以避开解释的尴尬，以另一种方式给予他们一个满意的答复。好奇心得到满足以后，孩子很快就会将兴趣转移到其他地方。

在这里，妈妈还要注意几个经常会遇到的性教育误区：

误区一：给孩子不明确的性别观

在很多独生子女家庭中，妈妈出于自己的偏爱，经常会将男孩当女孩或是将女孩当男孩来养。请尽快停止这种不明智的举动！我们知道，性别角色是以性别为标准进行划分的社会角色，它决定着一个人的行为模式。1～2年级的孩子正处于性意识的潜伏期，这种"角色调位"的做法，很容易使他们形成性别错位，严重时甚至会使孩子在进入青春期以后，对自己的性别产生厌恶感，即造成"易性癖"。

误区二：与孩子共浴

大多数父母在孩子幼年时，都有陪孩子洗澡的习惯，这对孩子的心理发展并不会造成什么影响，因为处于幼儿期的孩子记忆并不稳固，他们很容易就会将这些情景忘掉。但到了1～2年级以后，随着孩子性意识的萌发，父母如若再与孩子共浴，大量的情景刺激，就会使他们的潜在记忆被唤醒，进而感到紧张、不安与羞涩，同时，他们对于性的好奇心也会被极大地激发出来，这很难使他们在平静的状态下健康成长。

另外，细心的妈妈应该会发现，孩子到了1～2年级后，往往喜欢与同性伙伴一起玩耍。其实，这也是孩子心理发展的一种需求，他们的成长需要单一的环境，以巩固自己的性别意识。而父母不明就里地拉着孩子一起洗澡，从某种意义上讲，正是对孩子成长需求的一种压制与剥夺，极易使孩子形成性别意识发展障碍，令他们无法掌握与异性之间的分界线。

误区三：夫妻亲昵未注意避开孩子

奥地利精神分析学家弗洛伊德认为，让孩子看到父母性生活的情景，他们会认为那是一种带有暴力和虐待色彩的行为。在我国，家庭教育学家也曾明确表示，孩子夜里醒来，看到或听到父母性生活的情景，极易唤醒他们的性冲动，一些儿童因此会开始自慰或加重自慰行为。

因而，为了孩子的健康成长着想，父母最好还是不要在孩子面前表现"性"。

误区四：安全教育缺失

1～2年级的孩子虽然已经产生了一定的性别意识，但总的来说，思想还是很单纯幼稚的，这无疑给了那些居心不良的人图谋不轨的机会。尤其是家有女孩的父母，这一时期更应注意对孩子进行自我保护教育，以保证孩子能够健康成长，不受侵害。作为父母尤其是妈妈，有必要预先对孩子作出如下交代：

• 每个人的身体都是属于自己的，不允许被他人侵犯。

• 如果他人的接触让你感到不舒服或不对，要立即要求他停止这种行为。

• 好朋友是不会让你脱衣服的，所以无论任何人提出这样的要求，都要拒绝他。

• 男女有别，有些事情，男女应该分开做。

• 如果有陌生人要带你做游戏，或是领你去陌生的地方玩，不要跟他去。

......

给孩子最喜欢的 4 种成长环境

每当谈起关于孩子教育环境的问题，大多数妈妈都会自信满满地说："这点根本不用担心，现在就一个孩子，爸爸妈妈、爷爷奶奶、外公外婆七八个大人围着一个孩子转，肯定会想尽办法为孩子提供好环境。"这些妈妈们对于孩子的爱不容置疑，但是却没有弄清楚"环境"二字更深层的含义。

1～2 年级的孩子不仅正经历着大脑开发的第二个黄金期，同时，他们的人生习惯、社会认知力、自我意识也都开始建立。这一时期的孩子就像一张白纸，既可以变成一幅美丽的画，也很容易被弄上污点。孩子能否得到一个健康、愉悦的成长环境，将直接决定他们的一生，而这背后的操盘手，就是妈妈。

事实上，为孩子打造一个健康的成长环境并不难，妈妈应在做出环境决策前问自己这样几个问题：

• 在为孩子营造成长环境时，是否带有一定的主观色彩？

• 我们的行为举止是否破坏了环境的健康与和谐？

• 所提供的环境究竟是以成人的价值为取向，还是站在孩子的角度去考虑的？

• 除却物质环境、学习环境以外，是否曾考虑过人为因素对于孩子成长的影响呢？

成长环境对孩子的发展有着决定性的影响。古语有"近朱者赤，近墨者黑"的说法，更有"孟母三迁"专门为孩子挑选合格的成长环境。孩子生活在什么环境中，对他未来成为什么样的人有重要影响。

有心的妈妈完全可以从以下4个方面入手，着手给孩子营造一个适合真正他们的成长环境。

第一，建立舒适、温馨的物质环境

嘉瑞是1年级的小学生，成绩好，性格开朗，对人有礼貌，还非常讲究卫生。在学校，老师夸他是个好学生。在家里，邻居们都夸他是个好孩子。很多妈妈都十分羡慕嘉瑞的妈妈，纷纷向嘉瑞妈妈请教："你是如何教出这样的好孩子的？"每当这时候，嘉瑞妈妈就会说："我教育孩子没有什么妙招，无非是尽我的所能为孩子营造良好的成长环境而已。在他小的时候，我就按照孩子身心成长的不同阶段和孩子自己的喜好来布置家里的环境，才有了今天身心健康发展的嘉瑞。"

物质环境对孩子的成长虽然不起决定作用，但却有不可忽视的影响。当然，在今天这个社会，很少有家庭不能给予孩子基本的物质生活，但更多的妈妈忽略了家居环境对孩子的影响。

在这里，我们提示妈妈应当特别注意室内结构要尽量宽敞，宁可少购置家具，少摆设一些装饰品，也要尽量给孩子多留一些活动空间；注意房间的整洁，东西放置要有条理，因为有条理的环境不仅会给人以美感，使孩子感到心情愉快，同时还有利于他们从小养成收纳物品以及爱干净的好习惯。

第二，为孩子营造充满安全感的成长环境

1～2年级的孩子内心非常敏感，他们常常有一种自我安全感缺失的倾向，如父母感情不和、对孩子的教育采取"专制"的态度等。心理学研究表明，孩子若长期处于这种状态下，极易形成过度敏感的性格，导致他们无法对自身价值形成正确的认知，对世界缺乏最基本的安全感。

心理学家表示，孩子只有在和谐的环境中，才能静下心来冷静思考，并愿意与父母亲近、合作；相反，在不和谐环境下成长起来的孩子，其思想、行为往往是不理智的，他们悲观、敏感、孤僻、缺乏安全感，经常会与父母故意作对。

珍珠的家庭十分温馨，爸爸妈妈恩爱和睦，家里要是有什么重家务，爸爸总是抢着干；妈妈做了好吃的，总是先想着老人和孩子。他们对珍珠也十分疼爱，很多决定都会征求珍珠的意见。

珍珠一直都以家庭和睦为骄傲，她的为人也像妈妈一样淳厚有礼，懂事识大体，深得老师和同学的喜爱。

温馨的家庭氛围对孩子是一种无形的教育，潜移默化地影响着孩子的性情。试问：如果孩子生活在吵架声不断、夫妻之间漠不关心的家庭环境中，怎么还能专心学习，健康成长呢？

为了呵护孩子的安全感，妈妈首先要搞好与爸爸之间的夫妻关系；其次，要搞好和长辈之间的关系；最后，跟孩子的关系更要亲密融洽。妈妈要爱护孩子，对孩子尊重、信任，尽量不板面孔，不随意呵斥、打骂等，以平等、民主、朋友式的态度与孩子相处，给予孩子自主选择的权利，让家庭真正成为孩子的避风港，情感中的精神家园。

第三，创造勤读、好学的学习环境

家庭不只是休息的场所，也是孩子学习的主要场所。所以，妈妈要给孩子创造一个安静舒适的学习环境，这不仅仅是给孩子买书、买文具用品，同时也要给孩子创造热爱学习的精神氛围。

有条件的话，妈妈应尽量给孩子安排单独学习、休息的房间，以免看电视、会客等活动干扰孩子。房间的布置要符合 1～2 年级孩子的年龄特点：灯光要柔和，书桌高矮要合适，墙上还可以张贴陶冶孩子情操的格言、图片、地图等。书架更是必不可少，让孩子与书多接触，即使有些书孩子一时看不懂，但在浓厚的学习氛围中，也有利于培养孩子热爱阅读、追求知识的品质。

第四，为孩子建立没有暴力的成长环境

近年来，虽然人们一再呼吁妈妈"放下手中的棍棒"，但因家庭暴力引发的教育事件仍然时有发生。那么，"打"真的这么有用吗？也许大部分妈妈看到的是——在巴掌的震慑下，孩子确实变"乖"了。但事实上，1～2 年级的孩子已经有了自己的思想和识别力，妈妈冠以爱之名的打骂换来的只是孩子暂时的妥协，以及孩子内心的恐惧或仇视，而不是心安理得的接受，因而很难从根本上解决问题。

其实，棍棒式教育往往只会产生这样两种结果——其一，孩子因长期受压制而变得"奴性"十足；其二，产生叛逆心理，出现性格上的扭曲，同时让孩子信奉暴力才能解决问题，这种心理扎根孩子内心是非常危险的。就此而言，奉劝那些仍然信奉棍棒教育的妈妈，快快放下自己手中的棍棒，用爱心、沟通、理解、尊重去呵护孩子的成长，给孩子营造一个没有暴力的成长环境。

"妈妈说……"——摆脱孩子的依赖心理

小睿是个 1 年级的小学生。他的房间总是十分凌乱，从来没有自己主动收拾过。每天晚上妈妈在小睿睡着后过来帮他整理房间，并且把他第二天上学要带的东西准备好。而每天早晨小睿也都依赖妈妈叫他起床上学。如果哪一天妈妈急着上班，小睿肯定就会因为睡过头而迟到。小睿几乎所有的事情都是由妈妈代为安排的，一旦妈妈不在，他就不知道该怎么办才好……

有一天，妈妈加班回来已经很晚了，忘了把小睿第二天要穿的衣服准备好，第二天早上小睿醒来后就冲着正在厨房忙碌的妈妈喊："妈妈，今天穿哪件衣服？""妈妈，穿哪条裤子？""穿哪双鞋？""过来帮我系鞋带。"……满头大汗的妈妈不禁感叹："唉，这孩子，怎么这么依赖大人，一点都长不大！"

比尔·盖茨曾经说过："依赖是阻止人们走向成功的绊脚石，要想成就大事，你就必须把它踢开。"妈妈关心、爱护孩子绝不是错，满足孩子生理和心理正常发育的需求，也是妈妈的天职。但是，如果父母都像小睿的妈妈一样，对孩子的任何事情都大包大揽，就束缚了孩子的手脚和头脑，久而久之，就会使孩子形成不良的依赖心理，缺乏起码的责任感。

妈妈们总认为孩子才刚刚上小学，还没有长大和懂事，却没意识到孩子"长不大"的最根本原因往往就在自己身上。1～2年级的孩子虽然已经萌发了独立意识，但他们的自主能力还不是很强，如果在他们口中我们时常会听到这样的话："妈妈说……"就表明，孩子在成长过程中已经对妈妈形成了一定的依赖性，此时做妈妈的若再加以纵容，事事抢着为孩子操办，那么孩子很容易就会将依赖当成一种习惯。

孩子的成长伴随着身体和心理的共同成长，如果孩子的生存能力得不到锻炼，一旦离开父母走向社会，就会寸步难行，困难重重。所以，矫正孩子的依赖心理是帮助他成长的一大关键，妈妈可采用以下几种方法：

方法一：做"狠心妈妈"，不要做"负责妈妈"，让孩子自己完成作业

妈妈们往往很喜欢对孩子自己的事情负责，比如，独立完成作业是孩子的任务，然而，妈妈们却很热衷于"插手"。

宁宁已经是小学 2 年级的学生了，聪明伶俐，可就是学习成绩老是上不去，尤其在写作业的问题上，简直让妈妈操碎了心。

宁宁完成作业的最后情景经常是这样的：匆匆忙忙、飞快地将作业写完，不管对错，将铅笔往桌上一扔，然后急急忙忙地离开书桌，跑向电视机前或者是奔向门外。书桌上满摊着他的作业本、练习册、课本以及铅笔、橡皮。

通常是宁宁的妈妈，先将书桌整理整齐，把他的课本、铅笔盒等一一放入书包，然后再将他的作业从头至尾检查一遍，用铅笔将错误的地方勾画出来，再将孩子叫回来改正。

对于妈妈指出的错误，宁宁连想都不想，也不问为什么错了，拿过来就改。通常改过的作业还是错的。当他再被叫来改错时，他就会不耐烦，大声地嚷着说："你说应该怎么做？"

孩子的任务似乎只是写作业，检查作业则是妈妈的义务。那么，孩子在学校时，这些工作由谁来做呢？当然只能是孩子自己。可是为什么在家里就要由妈妈来承担呢？造成这种局面的原因在哪里呢？

像上例中那样，妈妈"包办"的后果只能是：孩子对学习越来越不上心，做作业越来越马虎，妈妈感到越来越力不从心，孩子越来越不听妈妈的话。

那么遇到这样的情况，妈妈该怎么办呢？下面一些建议可能会对妈妈们有用：

• 提议孩子与妈妈一起检查作业；

• 就某些作业问题，让孩子说明是否正确，以及他自己的理由；

• 逐渐表现出对孩子的教学内容不太熟悉的样子；

• 对孩子作业中的错误，不要表达自己的修正意见，建议孩子自己重新思考；

• 放手让孩子自己检查作业。

至于整理书包，妈妈大可不必担心孩子会丢三落四。即使他忘了装一本书，或忘了带橡皮，也不会太影响他的学习。而且，从此他就有可能摒弃依赖心理，认真检查自己的每一样东西，对自己的事情认真负责起来。

方法二：拒绝再说"有妈妈呢"，让孩子忘记"我不行"

一些孩子在遇到困难时，喜欢这样说："妈妈，我不行，我做不到……"每每遇此，爱子心切的妈妈马上会站出来说："没关系，有妈妈呢。"一次、两次……久而久之，孩子心里逐渐形成了一种惯性思维——"做不做没关系，反正有妈妈呢。"

可是，妈妈真的可以为孩子包办一切吗？事实上，没有任何一位妈妈能够一生都守在孩子身边，为他们遮挡一生的风雨。孩子注定是要长大的，究竟可不可以让那句"有妈妈呢"逐渐远离孩子的世界，让孩子学会忘记"我不行"呢？我们不妨来看一下这位妈妈是怎样做的：

女儿刚学算术时非常没有耐心，作业中一遇到难题就向我求救。那时我想，如果这样"教"下去，孩子日后一定不肯再自己动脑了。于是我对她说："你参照教科书将老师今天讲的内容再回顾一遍，如果还是不会，妈妈再来教你。"

女儿很听话，乖乖地拿起了教科书。大约过了半个小时，她举着作业本跑到我的面前，高兴地向我"显摆"："妈妈你看，我自己做出来了。"

我轻轻刮了一下她的小鼻子，笑道："妈妈早就知道宝贝聪明，只要肯认真思考，一定能自己做出来，所以才没去教你。"

除此之外，在生活上我也经常引导孩子自己动脑筋想办法，只要是她自己能够解决的问题，女儿也从来不向我们张口，她的成绩也一直在班级里名列前茅。

在孩子遇到问题时，妈妈不要第一时间出手相助，而是应该先鼓励孩子自己动脑、动手去解决问题，当孩子依然无法解决问题时，妈妈可以先告诉孩子一些思路和方法，引导孩子而不是直接告诉孩子。这样，在孩子自己独立解决一些问题之后，就会产生这样的心理认知——其实任何困难都是可以通过自己的努力解决的。孩子一旦建立这种心理认知，妈妈将很难再听到那句"妈妈，我不行……"的话，更重要的是这种心理认知对孩子一生的发展都非常有意义。

记得有这样一句话："上帝赐给你两只脚是用来走路的，而不是让你在别人的搀扶下站立。"孩子的一生势必要经历无数台阶，如果妈妈一直搀扶着他，那孩子长大以后就会一直放不开这双"拐棍"。因而，为了让孩子早日远离依赖心理，妈妈就要给予孩子一些锻炼的机会，狠下心，放开手，让他自己去攀爬人生的阶梯。相信，孩子一定能够凭借自己的实力，书写一段绚丽多彩的人生。

嫉妒心——孩子心理发展的正常现象

在1～2年级的孩子身上，嫉妒属于一种普遍现象。嫉妒是孩子自我意识形成以后，心理发展到一定阶段的必然产物。事实上几乎所有孩子都希望自己比别人优秀，适当的嫉妒心有利于孩子进行自我保护，还可以帮助孩子认识自己。而"过度"的嫉妒心理则会让孩子产生自卑和痛苦的负面情绪，也会影响孩子日后处理人际关系的能力和眼界。

嫉妒对于1~2年级孩子而言有利有弊：如果妈妈引导得当，就可以激发孩子的求胜心理，成为孩子奋进的动力；如果没有正确引导，孩子就很难正确处理人与人之间的关系，同时也很难被别人接受。

因此，妈妈应该认真思考一下，该怎样做才能将孩子的嫉妒心理掌控在理性范围内，以确保他们拥有一个充满阳光的人生。以下三个方法可供妈妈们参考：

方法一：避免拿孩子与别人进行比较

威廉姆斯姐妹是美国网球名将，从小一起训练，但是两姐妹却从来没在一起比赛过。为什么呢？原来父亲老威廉姆斯认为有比赛就有输赢，就有比较，而有经验的教练父亲不希望姐妹中的任何一方在朝夕相处的手足面前产生挫败感或者优越感，更不希望她们彼此嫉妒。

所以，妈妈不要拿孩子与别人进行比较。当孩子因为有了对比而产生嫉妒心时，表面上，孩子一时因好胜心而有所进步，但是，用不了多久，上进心就会被嫉妒心所代替，使孩子失去对学习本身的关注，而对自己通过胜利所获得的关注产生依赖性。

当妈妈对孩子进行表扬时，要针对孩子的具体行为进行表扬，承认孩子的个性差异，而不要把本来不属于孩子缺点的或者无法改变的生理或性格表现进行好坏的斟别比较。

婧婧比较胖，妈妈就夸婧婧身体棒，抵抗力强，不爱感冒。婧婧性格大大咧咧，对同学的优点常常真诚地赞美，同学们都很喜欢她。

而同样较胖的方方，妈妈就常常说："你要减肥啦，你看人家露露，小腰多细啊。"方方有一天看见露露在滑旱冰，就故意推了一下露露，造成露露小腿骨折。

有的孩子性格活泼，有的孩子性格安静内向，有的孩子长得漂亮一点，有的孩子长相平常一些，有的孩子胖，有的孩子瘦，这本来是人天生的特质，没有优劣之分。上例中方方的妈妈用自己的偏见在不知不觉中把一个天真的孩子教育成了一个嫉妒心重的孩子，真是可惜。

1～2年级的孩子往往很重视妈妈对自己的评价，当妈妈对自己表示否定，尤其是明确指出自己在某一方面不如同龄人时，他们就会感到失落，从而激发起自己的嫉妒心。所以，睿智的妈妈应该这样去做——放弃拿孩子与别人相比较的做法，同时积极引导孩子去挖掘自身的优点，及时赞美和鼓励，让他发现，原来自己也很优秀。孩子一旦能够为自己感到骄傲，就会客观地去审视自己的"不足之处"，而且也更容易接受别人在某一方面比自己优秀的现实。

方法二：让孩子多参与团体活动

妈妈应该让1～2年级的孩子多和小朋友一起交往、玩耍。在交往和游戏过程中，孩子自然要尝试学习如何迎合和迁就别人，这些正是嫉妒心强的孩子所缺少的品质。

让孩子尽可能多地参与一些集体活动。当孩子为整个团体荣誉而战的时候，他就会希望团体中每一个成员都是最优秀的，把团体的胜利看成是自己的胜利，其关注点会从自己转移到团体和他人。当孩子能够比较平静自然地接受个体差异，接受别人比自己强、比自己好的事实时，才会真正消除嫉妒心理。

方法三：让孩子明白"金无足赤，人无完人"

想让孩子摆脱嫉妒心，就一定要让孩子明白"金无足赤，人无完人"的道理。对此，妈妈可以在生活中刻意创造一些教育氛围。例如，在给孩子讲唐诗时，可以适当评价一下，如"白居易虽然才高八斗，只可惜他的诗在想象力方面要比李白逊色几分，李白的诗中固然常有神来之笔，可是在反映现实意义方面却又不如白居易"；在陪孩子读三国时，同样也可以感慨一番，如"吕布纵然世无匹敌，以一人之力便可独战三英，但论智谋终还是抵不过曹操"……

通过这种旁敲侧击的评论，给孩子逐渐灌输正确的价值观，让孩子在潜移默化中形成正确的自我认知，建立客观分析问题的能力，从而接受"人无完人"的事实。这样一来，孩子即便在某一时刻泛起了嫉妒情绪，也会很快在理智的帮助下恢复平静。

说谎行为——1～2年级孩子常常会犯的"小毛病"

一句古老的英国谚语说："诚实是上策。"其实，诚实何止是一种策略，它更是一种荣誉。然而，这个道理虽然浅显，但是对于1～2年级的孩子来说，却未必能深刻领悟，更难以做到。因为诚实的好处，并非一次行为就可以显现，它的巨大力量也要日积月累才能发挥。

今天刚好是发期中考试成绩单的日子，上小学2年级的家乐心情非常不好，因为粗心而犯了几个错误，使这次的数学考试才得了80分，这对一直严格要求孩子的妈妈来说，是不可原谅的行为。家乐小心翼翼地回到家里，尽量不跟妈妈碰面，但是妈妈还是问了：

"家乐，成绩单发了没有？把卷子给我看看。"

家乐嗫嚅着说："老师生病了，数学成绩还没出来。"

妈妈说："真的？你确定？"

家乐紧张地点头，眼睛不敢看妈妈。其实妈妈已经与老师通过话，早就知道了家乐的成绩，她痛心的是，家乐现在居然开始因为成绩而对大人说谎了。

为什么孩子会说谎话呢？其实，撒谎是儿童心理和智力发展到一定年龄段必然出现的一种反应，也是智力发育过程中易偏出正常轨迹的时刻。

　　当谎言带来的短暂的好处令孩子清楚而真实地感觉到时，撒谎就会慢慢地在孩子的行为习惯中占到上风。很多孩子撒谎的习惯就是这样养成的，还有一个原因就是他们在撒谎之后，只尝到了甜头而没受到批评和指正。

　　这其实正是教育的不到位和妈妈的一种失职！当撒谎成为孩子的一种习惯时，他失去的将不仅仅是诚实的品质！因此，妈妈要寻找一切方法和手段，让孩子理解诚实的含义，并恪守诚实的原则，使诚实成为一生的习惯！

　　那么妈妈到底应该怎样使孩子变得诚实起来呢？

　　妈妈要认识到，孩子的不诚实行为不是天生的，是由后天的某种需要引起的。

　　比如，小时候某次孩子肠胃不舒服，妈妈知道了，就给买来好吃又好消化的蛋糕、巧克力等等，以后再遇到胃不舒服的情况，妈妈也用这种方法来解决。孩子觉得蛋糕巧克力很好吃，而平常又不总买。那么，他为了吃到蛋糕、巧克力，就可能在胃没毛病时，而撒谎说胃疼、胃难受等。

　　在孩子上小学以后，由于孩子开始适应新的环境和事物，这时候会出现不诚实的两面行为，常常是为了满足受表扬、受奖励，逃避训斥打骂、不受惩罚的需要，具体表现则多反映在学习、花钱、玩耍上。

　　比如，在学习上，老师明明留了作业，却告诉妈妈老师没有留作业；作业没做完，告诉妈妈做完了；考试成绩不好，说卷子没发；分数低，改成高分数……

不难看出，凡是对妈妈撒谎的情况，都是可能受批评、训斥甚至惩罚的时候。因此，妈妈们也应该反思一下，孩子撒谎习惯的形成跟教育的方式方法不当之间存在着一定的联系。妈妈首先要做的是分析孩子说谎的原因。通常，孩子说谎的理由跟大人没什么分别：害怕被惩罚、被拒绝……其实，孩子并非生来就会撒谎，但当他发现自己的诚实引起了妈妈的不满甚至是责罚时，他就开始学会了装假和说谎。

那么妈妈应该怎么办呢？应该循序渐进地对孩子提出要求：

第一，要求孩子不说谎话、借东西要还

一次，小欣去同学家玩，回来时手里多了一个电动玩具。他妈妈看见后，就问他玩具是从哪里来的。他回答是同学送给他的。然而，到了第二天，同学的妈妈就对小欣的妈妈说，他们正到处寻找一个电动玩具，并问小欣是否看到。小欣的妈妈立即就让儿子把电动玩具拿出来还给小朋友的妈妈。事后，小欣的妈妈非常生气地责问他："你为什么撒谎？"

其实这是个没有意义的问题。妈妈不应该抓住"你为什么对我说谎"这个话题，而应该引导他知道"随便拿别人的东西不对"这一点上。等这个孩子明白这个道理后，就会将此教训记得牢牢的。这样一来，他就无须挖空心思编造谎言来掩饰什么了。

要学会分析1～2年级孩子的精神需要、物质需要和玩耍的需要，尽量满足其合理的要求。妈妈应该明白，孩子说谎并不是什么罪大恶极的恶行，有时只不过是一种逃避惩罚的"自然本能"。一旦孩子说谎，妈妈不能一味地抓住说谎事件不放，最好的做法就是针对问题核心，心平气和地正面引导他，让他认识到错误并加以改正。

第二，要求孩子不隐瞒错误、不要不懂装懂

事实上，孩子说谎的原因多种多样，其中最重要的一条就是为了逃避惩罚。心理学家的分析表明，为了避免惩罚而说谎是大多数孩子都会出现的情况。这种避免惩罚的说谎对孩子来说是一种自我保护，就像成人有时不得不用说谎来保护自己一样。许多妈妈的教育不是让孩子心悦诚服，而是感到害怕和恐惧，从而被逼出不诚实的行为来。因此，妈妈应该调整自己的施教言行。学会肯定、鼓励孩子，不要主观、武断地进行批评、训斥、惩罚。

第三，要求孩子诚实做人，答应别人的事情要做到

可以用举实例、讲故事的方法给孩子讲诚实的品质对人的发展多么重要，做人不诚实会带来什么恶果。对社会上那种"诚实吃亏"的错误论调要态度鲜明地进行批判，要让孩子坚信，弄虚作假、坑蒙拐骗的人是社会的蛀虫，必将受到惩罚。

第四，对错误行为采取适度、合理的惩罚

在妈妈认真耐心的教育之后，孩子仍然出现说谎等行为的，可以采取一定的惩罚措施。

妈妈们可以创造一些有效的措施，如朗诵一个讲诚实的故事，抄写一段论诚实的名人名言，写一篇讨论诚实问题的日记或文章等，这样既不会伤害孩子的身心，又同时起到了深刻教育的作用。

第五，妈妈要给孩子树立诚实的榜样

有些妈妈在孩子不高兴或是自己很高兴的时候，常常会"哄"孩子，给孩子开"空头支票"，许下很多并不准备兑现的诺言。也许妈妈认为这些都是玩笑话，不值得认真，其实这样很容易在孩子心目中留下"妈妈说话不算数"的坏印象，从而使家庭教育失去基础，因为不被孩子信任的妈妈是没法教好孩子的。

诚实，是每个人都应具备的品质，妈妈更要以身作则，如果妈妈用诚实来培养诚实，有些道理则会不言自明。

| 第三章 | **小学初期，妈妈如何扮演好自己的角色** |

　　我们谈到家庭教育时，往往只涉及如何培养孩子，却忽略了对妈妈的要求，事实上妈妈才是家庭教育成败的关键。妈妈是孩子的第一任老师，妈妈在孩子面前扮演什么样的角色，也决定着孩子在未来成为什么样的人，对孩子的未来有很大影响。

帮孩子制订一生的教育计划

　　人生只有一次，就像医生看病，诊错了病，没有对症下药，延误了最佳的治疗时机，就会给病人造成难以弥补的伤害。对孩子的教育也是一样，如果妈妈的教育措施不得当，就会影响孩子一生的前程。对孩子的教育是不能做实验的，只能成功，不能失败。

　　教育关系到孩子一生，不是靠报几个特长班突击强化训练，或者靠几句苦口婆心的说教或者"棍棒教育"，就能够一劳永逸的事情。在教育孩子的问题上，妈妈光凭善良的愿望和热情是远远不够的，必须要通过提高自身的能力，用科学的方法给孩子制订好一生的教育计划。

或许一些妈妈会对此持有不同看法——"孩子这么小，将来上什么大学、从事什么样的工作还是个未知数，谁又能保证这中间不发生什么变故？制订一生的教育计划？这根本就不现实嘛！"

制订教育计划，并不是说要早早地就决定孩子未来上什么大学，从事什么职业，而是要根据孩子的现状和特点，制订一套适合孩子的学习计划，使孩子朝着良性方向发展。

19世纪初，卡尔·威特针对自己的儿子制订了一套超常的教育计划，在该计划的帮助下，被人视为"弱智儿"的小威特，八九岁便掌握了德语、法语、意大利语等6国语言，通晓动植物学、化学、数学等多门学科，9岁时顺利考入莱比锡大学，16岁时获得哲学、法学博士学位。

20世纪，另一位父亲根据卡尔·威特的教子经验——《卡尔·威特的教育》，针对自己的孩子威廉·詹姆斯·塞德兹，同样制订了一套科学的教育计划，小塞德兹仅用一年时间就结束了小学的全部课程，11岁时便考入了著名的哈佛大学。

可见，制订科学的教育计划，可以让孩子在短期内取得事半功倍的效果。看完案例，妈妈们先不要急，也不要高兴得太早，计划很重要，但也不能指望每个孩子在短期内成为一个超人或天才。所以，给孩子制订教育计划一定要合理，有针对性，符合孩子的实际情况，意在培养一个健康、快乐、向上的孩子，而不是造就一个天才儿童。

小丽很喜欢唱歌，所以，5岁时妈妈就送她到少年宫学唱歌。上了小学之后，看到别的孩子有的报英语班，有的报作文班，有的报数学班，小丽妈妈担心小丽的学习成绩赶不上其他同学，就给小丽报了好几个学习班，小丽牺牲了所有的节假日，奔走在各种学习班之间，可是小丽的学习成绩始终上不去，而少年宫的老师也说，小丽现在唱歌似乎也没有以前好了。

在给 1～2 年级孩子制订教育计划时，妈妈往往会感到迷茫：一方面，孩子年纪还小，一切尚未定型，不知道自己的孩子适合学什么；另一方面，又对孩子的期望过高，希望孩子在各方面都很优秀，什么都让孩子学习。还有一些妈妈在为孩子规划未来时，喜欢"跟风"：今天流行学英语，马上把孩子送到英语培训班；明天看到别人家的孩子学奥数，马上又给孩子报了奥数班。

计划可以改，但不能随便改，更不可以朝令夕改。在制订计划时，要根据孩子的特长和需要，一旦制订，孩子自己也认可了，就不要随便改，也不要随便添加新的内容，否则不但会分散孩子的注意力，还会增加孩子的负担，影响整个计划的有效实施，得不偿失。妈妈们在制订教育计划时，应遵循以下几点：

•解析孩子的性格特征，以此为依据，确定塑造孩子健全人格、良好习惯的具体方法。

•掌握孩子的智力特征，寻求引导智力发展、激发孩子智力潜能的最佳方法。

•深入挖掘孩子的兴趣爱好，选择一项利于孩子未来发展的兴趣作为重点，确定具体的培养方法。

•及时检查孩子的健康状况，根据情况，制定合理的训练方法。

请记住：对于孩子和妈妈而言，未来的路还很长，妈妈只有恰当地安排好教育的精力和速度，才能够让孩子既快又省地达成目标。对 1～2 年级孩子的妈妈而言，制订教育计划的关键是：力求在教育早期发现孩子的才能并认真观察孩子的状态。对孩子有了客观的把握，就可以减少教育过程中的失误。

儿子 vs 女儿——性别不同，妈妈扮演的角色大不同

　　受生理因素影响，男孩、女孩自出生那一刻起，便存在诸多差异。例如，在搭积木时，男孩更善于铺设广阔的空间，女孩则更喜欢"搭高"，这说明男孩的空间智能较女孩要更胜一筹；再比如，女孩往往可以同时处理几件事情，而男孩则喜欢一件一件地完成，这说明女孩的协调能力要强于男孩……

　　到了1～2年级，随着性别意识的不断强化，男孩和女孩的心理特征将会出现明显的两极分化，主要表现在以下几方面：

　　• 男孩哭泣的次数将明显减少，女孩则变得非常敏感，富有同情心。需要注意的是，当男孩哭泣的时候，往往也是他们最为脆弱、最需要安慰的时候，此时妈妈们必须做好男孩的情绪疏导工作。

　　• 男孩喜欢在竞争中体现自己的价值，而女孩则是一副"与世无争"的模样，喜欢和伙伴们做合作性的游戏。

　　• 男孩的独立性日趋明显，他们会试图建立自己的私人空间，当遭遇挫折或心情不好时，他们更愿意待在自己的空间里，以自己的方式发泄情绪；而女孩则痴迷于建立自己的人际关系，她们在情绪不佳时，更倾向于倾诉，寻求他人帮助。

　　• 男孩比女孩更易愤怒，喜欢具有挑战性的活动，显露明显的"男儿本色"；女孩到了这一年龄段，则开始变得安静、端庄，俨然一副"小淑女"的模样。

　　……

女孩和男孩天生就不同，决定了针对男孩和女孩要使用不同的教育方法。一个称职的妈妈必须要做好自己的角色定位，掌握区别对待男孩、女孩的正确方法，才能够保证孩子的教育质量。

方法一：男孩面前，妈妈也是"男子汉"

近些年来，部分男孩身上出现了"女性化"的倾向，他们的心理有时比女孩还要脆弱，经受不了一点点打击。

北京儿童医院 7 年间收治的约 19 200 名患者中，男孩的比例竟高达 69％，其心理疾病发病率更是女孩的两倍之多。其主要表现为男孩"女孩化"：他们说起话来轻声细语，行动起来扭扭捏捏，被老师批评几句，就会哭鼻子；他们胆小怕事，没有责任感，缺乏冒险精神。

教育学家指出，当前这种"阴盛阳衰"现象的出现，主要应归咎于以下几个原因：

• 教育机构漠视性别差异，使男孩应有的天性，如活泼好动、好胜心强等个性特征被视为缺点，受到压制。

• 中国传统的家庭教育习惯"圈养"孩子，在很大程度上压制了男孩的独立意识形成。

• 独生子女教育使得家庭成员对男孩过于宠溺，将男孩当"贾宝玉"一样地去养，导致男孩的阳刚之气渐失。

教育上的忽视和对男孩的错误认识，导致一些妈妈和教育机构使用了错误的教育方法。男孩好动，淘气，喜欢冒险，爱惹祸，这是由于男孩精力旺盛导致的。在教育男孩时，妈妈要使用"男孩的方法"让他们发泄身上过多的精力，而不是告诉他们"要像女孩一样听话懂事"。在这方面，一位妈妈的经验很值得我们借鉴：

儿子刚上 1 年级，正是生龙活虎的年纪，可是我却发现他更像个女孩，比如，见人害羞，说话声音小，动不动就哭鼻子，甚至在路上见到小虫子，也会像女孩一样躲闪惊叫。有一次，一个叔叔拿虫子逗他，他竟然吓得哇哇大哭。叔叔当场就笑他："堂堂男子汉，怎么像个女孩一样胆小呀！"我这个当妈的这才意识到自己的儿子确实有问题了。

我到网上查阅了一些资料后，终于找到症结所在。儿子之所以会变成这样，很大程度上是父教缺失造成的。可是老公要支撑一大家子的开销，每天早出晚归的，哪有时间来陪伴孩子？没办法，只好我自己又当"爹"又当妈了。

每天晚饭后我都会给儿子讲一些英雄故事，如"卫青七战七胜""薛仁贵三箭定天山"等，并告诉他男孩要勇敢，要路见不平拔刀相助，保护弱者等。

每逢周末，我都会带儿子去进行一些具有挑战性的运动，如登山、蹦极、野外生存训练等，虽然有时我自己也会感到害怕，但为了孩子能够健康成长，我必须要做出一副"男子汉"的模样。

除此之外，我还想办法让儿子吃一些"苦头"。到超市购物时，我要他帮我提一部分重物；我要搬动家里的一些大物件时，就叫上儿子一起来帮忙，因为"他是男子汉，比较有力气"。我还告诉他：他是男子汉，和女生同行时，要帮女生提包，帮女生开门等；在学校里，不要欺负女生，有危险时，要保护女生脱离危险……经过一段时间的刻意引导，我发现儿子越来越像男子汉了……

有一次，我们全家和朋友一家一起出游，下车时，我儿子最先跳下车，给阿姨打开车门，乐得朋友直夸儿子"这么小就有绅士风度"。儿子一路上还帮着阿姨照顾小妹妹，爬山时还时不时地拉小妹妹一把。玩耍时，儿子上蹿下跳，活像一只敏捷的小猴子，喜得朋友直说："男孩真好！"

看看，教育一个小男子汉并不难！教育男孩要从心理上关注，行动上"忽视"。不要过分限制男孩的行动，要给他行动的自由，让男孩学会勇敢无畏、保护弱小、扶助他人等品质。这就需要妈妈在生活中多鼓励男孩，多给他实践的机会。最好多给男孩提供一些优秀的男性"模板"，可以让他多和父亲在一起。1～2年级对男孩来说是最需要榜样的年纪，一个好榜样的示范作用胜过苦口婆心的说教。

方法二：女孩敏感易自卑，妈妈要培养"小公主"的自信心

女孩在上小学以后，经常会这样问："妈妈，我的新衣服好看吗?""妈妈，我长得漂亮吗?"1～2年级的女孩开始在意别人对自己的评价，不再像幼儿园时那样容易"哄骗"，甚至天性敏感的女孩还会从大人的言谈举止和细枝末节中"胡思乱想"，对号入座。一旦她感觉自己没有被重视，或是受到了某些负面评价，就会认为自己是不好的，从而产生强烈的自卑情绪。所以，女孩在成长过程中，时刻需要来自妈妈的关注和鼓励。

女儿文文上小学2年级，她学习成绩不错，个子较同龄孩子矮一些，身材比较胖。但我和她爸爸并没有觉得文文有什么不好，再说小孩还在发育阶段，暂时胖一点、矮一点都是正常的，也没觉察到这些会对文文的心理产生什么不好的影响。

有一天，我在吃饭的时候跟老公说："你看晴晴生的女儿，脸蛋漂亮，身材又好，前几天参加全国少儿舞蹈大赛得了第二名。"之后，我和老公就说起了那女孩生得如何美，舞跳得如何好，最后感慨说："人家怎么就生了那样一个美人坯子!"文文低着头，漫不经心地往嘴里扒着饭，一声不吭，显得无精打采。我也没多想，就让她赶紧吃饭，吃完了写作业。没想到文文突然把筷子一摔，眼睛里含着眼泪嚷道："不要你管，别人家的女儿好你找她当你女儿好了!"

我和她爸爸当时就愣了，真没想到，说者无意，听者有心，女孩真是太敏感了！

妈妈要时刻注意，不要在女孩面前谈起让她敏感的话题。比如，如果妈妈经常以美丽与否评价女性的优劣，不漂亮的女孩就会得到消极的暗示：我不漂亮，所以我不是好女孩。如果妈妈经常夸隔壁女孩聪明，考试总是得第一，女孩就会想：我考试从来没有得过第一名，我一定不聪明。要避免女孩产生消极的暗示，妈妈在平时的言谈中就要注意向女孩传达正面的信息："文文期末考试考了第十名，语文成绩排全班第三呢。""文文的手指又细又长，说明我的宝贝女儿心灵手巧。""你今天在李阿姨那里表现得非常棒。""你刚才唱的那首歌真好听。"这些正面的信息会给女孩积极的暗示，使女孩受到鼓励，继续巩固自己的优点。

对于成长中的女孩而言，妈妈的引导与鼓励，无疑是她们前进的最大动力，相信在妈妈的悉心呵护下，每一个女孩都会成为自信的小公主。

强化爸爸的角色：协助父亲建立权威

教育子女是妈妈共同的事业，孩子既需要妈妈以温柔、细腻的态度进行引导，也需要爸爸以坚强、果敢的男子汉风格为其做出表率。爸爸妈妈只有共同努力，才能养育一个健康快乐的孩子。

美国新泽西州罗杰斯大学对在押犯人进行调查时发现：美国有近60％的强奸犯来自于单亲家庭，有70％以上的未成年杀人犯是在父爱缺失的环境下长大的……种种情况表明父亲在孩子成长过程中的作用不可或缺。

韩国一位大学教授曾以韩国 3500 名大学生为对象，进行家庭教育问卷调查时发现——爸爸越是关心子女的教育问题，孩子考入重点大学的几率就会越大。

在我国，受"男主外，女主内"的传统观念影响，教育孩子的责任大部分都推到了妈妈身上，父亲只起到辅助作用。而那些长年在外面打工的父亲更是很少有机会和子女相处。父亲角色的缺失，使缺少父教和父爱的孩子产生了一些不容忽视的心理问题。

有专家曾经对 1000 多名有网瘾的孩子进行调查分析，发现竟然 9 成以上的孩子缺乏父亲的关爱。在他们晚上睡觉时父亲还没有归来，而早上上学时，父亲还没起床或者早早就已经出门，他们和父亲的交流很少。

心理研究证明，父亲在孩子 7 岁左右有着不可替代的作用。无论是男孩还是女孩，1～2 年级时，是他们性别意识苏醒时期。这时候的女孩需要从爸爸那里体验来自异性的关爱，建立心理安全感。男孩也开始转向亲近爸爸，需要从爸爸那里学习勇敢、坚强等男性品格。一个好爸爸在 1～2 年级孩子眼里是伟大的、引以为傲的英雄。

爸爸和妈妈教育孩子的方式往往是不同的，以致存在分歧甚至争吵。在这种时候，妈妈往往会认为自己是母亲，更了解孩子，更有权利在教育中起主导作用，使一些父亲在争吵中放弃尝试，做起了"甩手掌柜"。这对教育孩子不仅没有任何好处，还会降低父亲在孩子心目中的地位，使孩子漠视父亲的存在，影响家庭成员之间的亲密关系。所以，在教育子女过程中，妈妈不仅不能拒绝爸爸的参与，还要鼓励爸爸积极参与，遇到教育问题，要和爸爸一起商量，征求和尊重爸爸的意见，具体而言有以下几个建议可供参考：

建议一：让爸爸建立真正的权威感

父亲在家庭教育中往往扮演着"权威者"的角色，一个有权威爸爸的一个沉默的眼神比妈妈的数句唠叨还管用。但一些父亲在教育子女过程中，错把严厉当权威，采用打骂、体罚等方式让孩子顺从、听话。长久下去，要么使孩子生出逆反之心，拒不"悔改"，要么使孩子性格变得孤僻、软弱，在人际交往中唯唯诺诺。

其实，慈父照样可以"严"教，关键就看你教给孩子的是什么。

一个夏天的夜里，家里熄了灯，小海婴躺在父母中间转来转去，轮流吻着爸爸妈妈，他高兴极了，发出了一连串的问题：

"爸爸，人人都能死掉的吗？"

"老了，或是得病看不好，就要死掉的。"

"是不是你先死，妈妈第二，我最后呢？"

"是的。"

"那么你死后，这些书怎么办呢？"

"你随便送给别人好吗？"

"好的，爸爸，如果你死了，那些衣服怎么办呢？"

"留给你长大穿好吗？"

"好的。"

当海婴太调皮、不听话的时候，鲁迅只是临时用报纸卷成筒状，举起来，看上去很严肃，海婴立即喊："爸爸，下回我不敢了。"鲁迅也就笑了。海婴对爸爸发表意见了："等我做爸爸时，绝不打儿子。"

"如果儿子坏得很，你怎么办？"

"好好教育他，买点东西给他吃。"

鲁迅先生笑了，对海婴说："主要还是讲清道理。"

引为楷模的人格、慈爱的态度、耐心的教导，怎么可能养育出失败的孩子呢？事实上，亲切和蔼、负责守信、客观公正才是孩子心目中权威的父亲形象。爸爸的人格力量才是孩子一生最好的人生范本，永远读不完的教课书。

建议二：经常陪伴孩子，参与到孩子的游戏中去

踢毽子、猜谜语、下棋、放风筝……和孩子一起游戏是增进亲子感情的良好契机。如果爸爸愿意参与进去，会有效地拉近父子之间的距离。在爸爸和孩子做游戏时，妈妈最好在旁边助威，当裁判，不管老公胜还是孩子胜，都是一件令人快乐的事情。这种其乐融融的家庭游戏，不仅会增进亲子感情，还会起到潜移移默化的教育作用。

如若时间允许，妈妈还可以"怂恿"爸爸带领全家来一次亲子旅行，这样不但可以开阔孩子的眼界，帮助他们掌握书本上学不到的知识，同时也会在孩子心中留下一些难忘的童年回忆。

刘轩 7 岁时，爸爸刘墉发现因为自己长期在台湾生活，跟随妈妈在美国生活的儿子因长期缺少父爱，性格变得孤僻、软弱。为了改变和补偿儿子，刘墉亲自参与到对儿子的培养和教育中。比如，刘墉发现刘轩特别惧怕一些小虫子、小蝴蝶，他认为这是对动物不了解造成的，就经常带刘轩到野外玩，利用大自然培养他勇敢、开朗的性格，给他讲解有关动物的常识，告诉他哪些动物是不伤人的，哪些是有害的。为了让儿子摆脱懦弱胆小的性格，刘墉不惜"下了一剂猛药"，他甚至亲自为儿子捉蝗虫烧着吃。渐渐地，刘轩不再畏惧小昆虫，竟和爸爸一起捉蝗虫烧着吃了。

建议三：负责守信——别在孩子面前食言

信任是孩子和父母建立良好关系的基础。"一言既出，驷马难追。"对于单纯的孩子来说，他们根本无法理解"爸爸因急事，不能陪你……"的爽约理由，在他们看来答应的事情不去做就是不讲信用，这只会使爸爸的威信一落千丈。父亲答应孩子的事情一定要尽力去兑现，因故无法兑现承诺时，要对孩子好好解释，并且另找个适当的时间补上。一来是为了让孩子感受到父亲的爱，二来是为了给孩子做个正确的榜样，相信有爸爸作示范，他也会以同样的方式对待妈妈和身边的朋友。

如何正确赏识孩子，赞美孩子

有这样一件趣事：

一位心理学家通过报纸向民众发布了一则广告——我是一个占卜家，能够预测毫不相识的"你"的性格。信息一经刊出，立即引起了大家的好奇，很多人寄来信件，要求心理学家对自己的性格作出判断。

最后，心理学家根据来信，寄出了数百份"性格评估"。令人惊奇的是，就在信件寄出后不久，心理学家又收到了200余封回信，信中一致称赞他的预测准确……

这究竟是怎么一回事？难道心理学家具备某种特异功能？

更让人想不到的是，其实心理学家给所有人的回信都只是一个内容——您很渴望得到别人的肯定，喜欢被人赏识和赞美的感觉，但并非所有人都会这样对你；您有着丰富的想象力，曾构思过很多美好的理想，当然，其中有一些并不切合实际；您的身上拥有很大的潜力，可是这些潜力在现实生活中，往往得不到良好的发挥……

现在你明白了吧，心理学家的性格预测之所以准确无比，是因为他抓住了人类的一个共有特征——渴望得到别人的赏识与赞美，希望自己变得更加优秀。

　　作为妈妈如果能够将这种理论活用到家庭教育中，利用赏识与赞美去激发孩子内心更进一步的渴望，就会与心理学家一样，轻而易举地帮助孩子将成功的果实收入囊中。

方法一：善于捕捉孩子身上的闪光点

　　女孩小聪因为早产的缘故，在同龄孩子中显得有些"笨手笨脚"的，经常遭到伙伴的嘲笑，大家玩游戏也不爱带她。这使小聪形成了自卑、胆怯的性格。每天放学后，她就一个人待在房间里不停地画呀画呀，妈妈看在眼里，急在心上。

　　一次，妈妈将小聪独自留在家中，让她自己整理房间。小聪开始精心布置自己的"小天地"，最后还特意制作了一个别致的笔架摆放在自己的书桌上。妈妈回来以后，看到女儿的劳动成果，不禁眼前一亮，连声赞道："房间真整洁！笔架真漂亮！妈妈真为你感到骄傲！"听到这一连串真诚的赞美，小聪露出了久违的笑容。

　　从此，小聪每出现一次微小的进步，妈妈都不忘适时地给予她真诚的赞美。小聪渐渐摆脱了自卑的困扰，重新拾回了自信，学习成绩不断提高。后来，小聪凭借优异的成绩，考入了国内一所著名的美术学院。

　　可以说，如果不是这位妈妈独具慧眼，捕捉到女儿身上的闪光点，并及时给予她真挚的鼓励与赞美，那么小聪的才华很可能就会因为自卑而被埋没。每个孩子都有他自己的优点和长处，都有令人惊叹的潜能，一个小小的肯定和赞美就会放大他们的优点，释放他们体内巨大的潜能。

方法二：真诚地赞美孩子

　　一些妈妈经常将"你真棒"挂在嘴边，这样的赞美偶尔用用是可以的，但不能经常用。因为当妈妈没有指出孩子究竟"棒"在哪里，"你真棒"的赞美只会让孩子迷惑，久而久之，孩子要么对妈妈的赞美不再"感冒"，要么就会生出骄傲自满之心。

正确的做法是，妈妈在赞美孩子时切忌宽泛，而应具体赞美他的某一种行为，就事论事，以避免孩子形成错误认识，变得自以为是或沾沾自喜，在心中埋下虚荣的种子。例如，当孩子自己动手做出某一玩具时，妈妈们尽量不要使用"你真聪明"一类的话语来表扬孩子，正确的称赞应该是"你做的玩具很有创意"。1～2年级的孩子已经具有了一定的自我认知能力，通过同伴间的游戏和竞争，他们就会发现：原来我并不是最棒的，那么，是妈妈在骗我吗？这种困惑会令孩子感到不知所措，为了维持自己在妈妈心目中最棒的形象，孩子会想方设法去掩饰自己。

方法三：及时赞美，持续进行

东东放学回家兴高采烈地对妈妈说："妈妈，今天跳绳我得了第一名。"

"是吗？怎么得的啊？"妈妈头也没回，淡淡地问了一句。

"今天学校组织跳绳比赛，我跳得最多，还得了一顶太阳帽呢。"东东把太阳帽拿出来给妈妈看，妈妈正忙着洗菜，所以只是扫了一眼就说："挺好看的。对了，你作业写了吗？没写赶紧写作业去。"

东东马上垂下头来，闷闷不乐地躲进了自己的房间。

每个人都希望获得别人的认同，孩子更是如此，尤其是来自妈妈的肯定。孩子通过自己的努力，在学习或者比赛中取得好成绩，这不仅是孩子最开心的事情，还是妈妈最引以为傲的一刻！这时候，妈妈应该为孩子感到高兴，应该及时给予热情的拥抱和赞扬。事实证明，及时得到赏识和赞扬比事后再给予赞扬所起到的作用要大得多。

某小学曾经做过一个实验：期末考试之后，老师分别在不同时间内对两个班级考试成绩差不多的两组孩子做出评价。

对第一组孩子，老师在考试成绩出来的当天就表扬了他们："成绩真不错，你们都是优秀的学生，要继续努力啊。"对第二组孩子，老师则一直等到新学期开始之后才对他们说："你们上学期考试成绩不错，这学期要继续保持良好的学习风貌，更上一层楼！"

一个学期以后，第一组孩子因为受到了老师及时的赞扬和鼓励，学习成绩有了明显的提高。他们一致认为是老师的赞美让自己对学习充满了信心，学习劲头也更足了。而第二组孩子的学习成绩没有明显进步。虽然老师也赞扬了他们，但时隔已久，他们一点也没感受到被表扬的快乐。

另外，妈妈赞美孩子不可以"三天打鱼，两天晒网"，心情好就鼓励几句，心情不好就对孩子置之不理。

小玮想学画画，可是小孩子往往就是三分钟热度，画了几天之后就没有兴趣了。妈妈就一直在旁边鼓励她，每天都给她一些别出心裁的赞美："小玮已经会画小老鼠了，太棒了。如果给小老鼠穿上衣服就更漂亮啦，再给小花猫戴上墨镜，它就看不见小老鼠在哪里啦！"小玮于是又兴高采烈地去给小老鼠"穿衣服"，给小花猫"戴眼镜"。

妈妈循序渐进的赞美和建议，会给孩子持久的动力，使他把良好的行为习惯一直保持下去。

方法四：尽可能做到当众赞美

当众赞美孩子，对于孩子而言无疑是一种双重奖励。比如，妈妈当着客人的面夸赞孩子"小明很懂礼貌"，会比在私下里赞美让他更有成就感。

帮孩子建立"同伴关系网"

1~2 年级的孩子正处在社会性发展的重要时期，这一时期，孩子要通过和同伴的交往，逐渐学会理解与宽容、协调与自控、等待与合作等种种良好的社会行为，并从同伴对待自己的态度中，认识到自己的行为是否正确，逐渐摸索出一套属于自己的社交方式。

然而令人忧虑的是，由于种种原因，目前在我国部分家庭中，1~2 年级孩子的同伴交往，却一直存在着很大的问题，这主要表现在以下几个方面：

★孩子的活动空间狭小

随着城市的发展，提供给孩子游戏的空间越来越小，担心孩子在外面会发生危险，一些妈妈只好将孩子"圈养"起来，导致他们大部分时间只能与玩具、电视、电脑一起度过。

★孩子缺少与同伴交往的时间

随着社会竞争的日益加剧，妈妈为了保证孩子不输在"起跑线"上，为孩子报了一个又一个的特长班，将孩子的课余时间安排得满满的，却唯独忘了安排孩子和同伴交往的时间。

★孩子与同伴的交往没有自主性

一些妈妈怕孩子"吃亏"，跟朋友学坏，就替孩子选择朋友、选择游戏。妈妈的过分束缚，使孩子失去了自主性。

有社会学家做过一个有趣的调查：他们跟踪了 100 名幼年时的"孩子王"，发现在他们长大之后，绝大多数人都成为了某个领域的领导者。对此，社会学家的结论是：领导他人、平衡各种人际关系的能力基本上是在童年时期形成的。

和同伴交往是孩子认识世界、适应社会的实践与学习，就像幼狮之间的游戏撕咬是捕猎生存的一种学习方式一样，孩子之间的游戏和交往也是他们走向社会之前的"演习"。妈妈们要抓住1～2年级这一关键时期，全力帮孩子打造一个健康的同伴关系网，让孩子在人际行为、人性人格、社会适应性以及人生事业方面，得到一个良性的适应与发展。

以下是为妈妈提供的一点建议：

建议一：告诉孩子正确的择友标准与相处原则

"告诉我谁是你的朋友，我就可以知道你是什么样的人"，朋友对于孩子的影响有时甚至会胜过妈妈，而孩子个性的形成，往往也与朋友存在着一定的关联。

1～2年级的孩子的自我意识虽然已经萌发，并且具备了独立活动的能力，但他们分辨是非的标准还很模糊，对于他们而言"谁与我走得近，谁就是我的朋友"，所以在同伴交往中，他们常常会因不懂相处，而出现这样那样的问题。

因此，帮助孩子建立同伴关系网的第一步，就是要向他们灌输正确的交友标准及相处原则，让孩子认识到什么样的朋友可以交、什么样的朋友不可交，以及交往时什么事可以做、什么事不可以做，以自由与规范相结合的教育，为孩子打造一个良好的交友基础。

建议二：帮助孩子建立交往的信心

很多孩子之所以孤僻、不合群，很大程度上是因为缺乏交友信心，即患上了社交恐惧症。倘若这一问题不能从根本上得到解决，那么即便孩子拥有经天纬地之才，也会因不善处理人际关系，在人生的路途上不断遭遇各种挫折。

那么，妈妈们要怎样做，才能帮助孩子摆脱"社交恐惧"呢？

孩子恐惧和人交往，妈妈不要用严厉的言辞指出孩子的问题。比如："你怎么就这么内向呢，你看邻居的小孩，见什么人说什么话，你笨嘴拙舌的，不招人喜欢。"越是这样数落孩子，孩子就越自卑，越封闭自己。

正确的做法是，多带孩子参加一些公共活动，开始妈妈陪伴在孩子身边，鼓励他在小范围内和同伴交往，鼓励他参与到伙伴的游戏中去，并在一旁温和地实行指导，但不要强迫孩子参加，不要放过他任何一个微小的进步，及时对他的进步进行鼓励和必要的奖励。

把一些需要和他人简单打交道的事情，交给孩子去做。比如，送一件东西给隔壁阿姨，去附近超市购买油、盐等生活物品，在路上问路，打电话叫外卖等。

当孩子的社交恐惧症有所改善之后，妈妈应鼓励他主动交朋友，自己到同伴家做客，参与学校的一些集体活动逐渐增强自信心。

社交就是生活的一部分，妈妈要时刻注意通过每一件生活小事来锻炼孩子的社交能力。但也不要对孩子的奢求过高，即使孩子的表现不佳，也不要责骂孩子。有的孩子天生喜欢安静、内向，这并不是一个缺点，只要孩子与他人交往时能够正确处理矛盾，没有表现出不安、恐惧、难过等症状，就说明孩子是正常的，无须对孩子的交往方式及该说什么话等作出硬性规定。

每个孩子都有他的特长，在有其他人在场的情况下，妈妈可以将孩子的特长说出来，并且试着让孩子在众人面前展示自己的特长。比如，孩子擅长画画，妈妈可以让他画一张，如果画得好，妈妈要进行一定的奖励。孩子的表现欲望增强之后，他同时也会愿意和别人交往。

建议三：教会孩子基本的社交技巧

在教会孩子正确的择友标准及相处原则、帮助孩子建立社交信心以后，毫无疑问，接下来要做的就是，教会孩子基本的社交技巧。对于1～2年级的孩子而言，妈妈只要抓住以下几个方面，进行重点培训即可：

• 教会孩子基本的社交礼仪。

• 让孩子学会做新颖、有创意的自我介绍，使孩子在与人首次交往中，便可以给对方留下深刻的印象。

• 教会孩子在特定场合适当地表现些幽默感。

• 教会孩子以正面态度去和其他同伴交往，如友好、灵动、分享、合作等，而绝不是粗暴、专横、自私、吝啬……

• 教会孩子向小伙伴展示自己积极的一面，如善良、富有同情心、丰富的知识、悦耳的歌喉、较强的运动能力等。

此外，妈妈还可以在孩子的社交活动结束以后，与他共同分享一下活动的细节，并"借题发挥"，告诉孩子遇到什么情况可以怎么办。具备了择友能力、社交信心、社交技巧以后，相信孩子一定能够为自己建立起健康、和谐的伙伴关系网。

"老师，我们谈谈"——老师是妈妈和孩子共同的导师

有一个儿子刚上小学1年级的妈妈说：

儿子从小就有咬手指的习惯，我和丈夫不知纠正过他多少回了，可他就是改不掉这个坏毛病。

但近期以来，我发现孩子咬手指的次数越来越少。有时候他不由自主地把手指放在嘴里，很快又拿出来了，好像在强忍自己咬手

指的欲望。出于好奇，我忍不住问儿子："宝贝，最近怎么这么听话，不再咬手指了？"

儿子的回答大大出乎我的意料："老师说了，咬手指非常不卫生，不是一个好学生应该有的习惯。"

直到现在我还没想明白，我和丈夫费尽口舌也没有办到的事情，怎么老师一句话就搞定了？难道老师有什么诀窍？

其实，很多妈妈都会发现，当孩子进入小学以后，他们不再像小时候那样唯妈妈之命是从，但非常重视老师对于自己的评价，常常将老师的话当做"圣旨"一样去执行。原来，在孩子的心目中，老师是正确、权威的化身，老师说的就是对的，老师让做的事情就一定要去做，老师说自己好才是真的好……1～2年级的孩子非常重视老师对于自己的态度，为了得到老师的认可，他们会尽全力去证明自己。

所以，聪明的妈妈此时应该和老师建立良好的沟通桥梁，利用老师在孩子心目中的"神圣"感，及时帮助孩子解决各种生活和学习上的问题。

与老师取得合作、达成良好"师生关系"的过程中，妈妈应该做好哪些工作，注意哪些问题呢？

建议一：鼓励孩子多亲近老师

进入小学以后，由于老师的角色发生了变化，不再是以往那个无微不至的亲切阿姨，一些孩子会对老师产生恐惧感，他们不敢在老师面前畅所欲言，害怕老师批评自己，不敢与老师做过多的接触。

其实每个孩子都希望老师喜欢自己，肯定自己。妈妈要鼓励孩子在课余时间多与老师接触，有问题及时向老师请教，促使老师更加了解孩子。

建议二：积极参加家长会及其他校园活动

在我国，家长会一般都在期末考试以后召开，它是老师与家长沟通的主要平台。作为妈妈，如果平日时间有限，难得与老师单独交流，那么这一天一定要抽出时间参加。妈妈可以就孩子的学习成绩及教育问题与老师、与其他妈妈进行畅快交流，同时也可以拜托老师多多督促孩子。

此外，其他校园活动诸如校园运动会、演讲比赛、公开课等，也都是妈妈与老师见面的良好契机，尤其是公开课，妈妈更是不应错过。因为从孩子这方面讲，他们为了让妈妈看到自己最好的一面，一定会在公开课上非常卖力地表现自己，这对孩子绝对是一种激励。从另一方面说，妈妈又可以一睹老师的教学魅力，从中寻找到沟通的引入点。这可谓一举两得，何乐而不为呢？

建议三：信任老师，不在孩子面前妄加评论老师

孩子在学校受到批评，是每位妈妈都不愿意发生的事情。如果老师对孩子的做法有失妥当怎么办？这是妈妈最头疼的事。去学校找老师，当面指责他？肯定不行。告诉孩子，是老师做得不对？这样会让孩子对老师产生抵触情绪，对孩子的学习和成长肯定不利。

在妈妈得知孩子被老师批评或惩罚后，首先要仔细询问孩子事情的经过。孩子为了逃避妈妈的责罚，一般都会为自己找借口掩盖过失，妈妈要冷静下来，在未弄清实际情况之前，不要妄下定论，更不能一味护短。在了解情况之后，妈妈要主动和老师沟通，询问孩子到底犯了什么错误。如果确信孩子在这件事情中有所冤枉，妈妈要主动向老师解释，在沟通时，不要让老师感到你在袒护孩子，要公正、客观！

建议四：孩子出现"异常"，及时与老师沟通

如果孩子出现了异常情况，妈妈一定要及时与老师做好沟通，

不要认为把孩子的异常行为告诉老师，孩子会感到难为情。在沟通过程中，妈妈必须认清一点，对于孩子，老师与自己的看法很可能会有所不同。如果出现这种情况，妈妈千万不要固执地认为"最了解孩子的那个人是我"，要多听取老师的意义，并且把自己的想法告诉老师，诚心请老师一起帮助解决孩子的问题。

建议五：衷心地向老师表达谢意

在节假日，妈妈应该鼓励孩子主动给老师打电话，向老师问好，让孩子亲手做一个小礼物，或者让孩子通过自己的劳动赚钱买一件小礼品送给老师，表达自己的谢意。要注意的是，让孩子做这些的目的并不是为了拉拢"关系"，而是让孩子将对老师的感恩化为行动，向老加老师传达谢意。这些小小的礼物和问候，会在老师的心里留下永远的感动回忆。

工作忙的妈妈要如何做

做妈妈真的很辛苦，尤其是上班族妈妈，一周有 5 天要在家庭、单位之间往来奔波，好不容易挨到休息日，不但要面对堆积如山的家务，还要抽出时间、拖着疲惫的身体辅导孩子写作业，处理他们时不时闯下的小祸，照顾他们的衣食住行等。为了生活，工作要做，为了孩子，教育要管，上班族妈妈真是辛苦。

尤其在孩子升入小学，进入 1～2 年级这个不稳定期，教育问题就成了让妈妈们头疼的事。在学校，孩子有老师教，有老师管，可是放了学，放了假，孩子的学习谁来管，孩子的行为谁来监督呢？

面对子女的教育问题，上班族妈妈究竟应该怎样做，才能解除自己的苦恼，最大限度地为孩子营造一个健康快乐的成长空间呢？在这里，为工作忙的妈妈们提供几点建议：

建议一：与孩子的照顾者搞好关系

很多上班族妈妈没有时间照顾孩子，教育孩子的重任，就不可避免地落在了"第三方"的肩上。他们有可能是孩子的亲人，如爷爷奶奶、外公外婆，也有可能是保姆、家庭教师。在每个妈妈的内心深处，都希望自己的孩子受到最好的教育，得到最好的照顾，但恰恰由于这种"爱之深"很容易与第三方出现教育理念的冲突，如何处理好和第三方教育者的关系，就成为上班族妈妈的当务之急。有一位聪明的妈妈是这样做的：

我和老公工作都很忙，孩子只能交给公公婆婆带。老人对于孩子生活上的照顾，我一点都不担心，他们简直是把全部精力都放在孩子身上了。

但是问题也来了，我发现公公婆婆太宠爱孩子了，让他养成了霸道、任性的毛病，看到好吃、好玩的，只要不给他，就又哭又闹。作业也不认真写，经常缠着两位老人教他，说是教他，其实就是让爷爷奶奶替他做。

老人这样做是出于对孙子的爱，当晚辈的感激还来不及，哪里敢责怪他们半句？如果明说老人宠坏了孩子，他们心里还会感到很委屈。可是这样下去不是办法啊，孩子从小不管教，长大定型后想管也来不及了。当务之急，就是想办法和公公婆婆沟通，改变教育孩子的方法。

一天，趁和婆婆一起买菜的机会，我忧心忡忡地对婆婆说："孩子在学校经常欺负别人，学习成绩又很差。这样下去可怎么办啊？"

婆婆一听就着急了，一直打听孩子在学校的表现，听完之后非常着急。

我问："妈，你以前是怎么管教强子（我老公）的？"

"唉，那时候哪有时间管他，他爸上班，我也上班。吃奶时，我天天背着他下车间，大一点他就在车间外面玩，到了下班才跟我一起回家。强子淘得很，不听话我就打。现在的人老说孩子不能打，那时候哪知道这个，不听话就打。强子现在提起来还埋怨我呢。"

"也是，不过我们现在对孩子又太溺爱了，宠得他们无法无天。"

这只是一个开始，之后，我经常在吃饭的时候和婆婆聊教育孩子的事，工作空闲时间，也会打电话给婆婆，问孩子有没有不听话，给他们惹麻烦等。不管他们管教方法是否正确，我都不会在言语中表现出来。孩子不听话，我就跟他说："奶奶看见你这样做会不开心的。"婆婆也过来说："奶奶很伤心。"慢慢地，我发现婆婆也和我站在一条战线上了。

我趁机一点一点地把自己的想法"渗透"给婆婆，老人不知不觉地就中了我的"招"。过了一个月，我发现他们再也没有替孩子写作业了，孩子犯了错也不再无原则地替他挡驾，孩子在爷爷奶奶那里再也找不到"挡箭牌"了。婆婆经常在接送孩子上下学时和老师沟通，一旦有什么问题就给我打电话，和我商量如何解决问题，一个学期之后，孩子学习成绩上去了，人也变得懂事多了。

后来，公公的身体不太好，我和老公就请了一个保姆来照顾老人和孩子的生活。对保姆大姐，我也用了同样的办法，经常询问她和孩子相处的情况，但从来不评价她的教育方法是否正确。有一次，孩子向我告状，说阿姨打了他屁股。我说："你一定做错了什么事阿姨才打你屁股。"每次教育孩子，我要么当着保姆的面，要么事后讲给保姆听，这样，慢慢地保姆就知道我是如何教育孩子了，也开始用我的方法教育他。一个月过后，孩子和保姆处得跟母子一样，一点生分感都没有。有一次，孩子在学校打了人，老师让保姆通知我。通过谈心，孩子认识到了错误，低着头说："我这样做，让爷爷奶奶、爸爸妈妈和阿姨伤心了，对不起。"我发现保姆的脸上露出了感动的笑容。人心都是肉长的，在教育孩子的问题上，只要我认可了每个人都是出于爱心，那么就没有解决不了的事情！

这位妈妈的做法很值得肯定。事实上，无论将孩子托付给谁，妈妈都不会放心而是会担心对方对孩子照顾不周，又会担心孩子疏于管教，变得乖张任性。但妈妈要注意的是，不管如何，妈妈都要将顾虑埋在心里，对于照顾孩子的人，要给予足够的尊重。我相信，只要是能让妈妈放心将孩子托付给他（她）的人，最起码的出发点都是和妈妈一样——希望孩子好，在这个基础上，妈妈与他们保持良好的沟通，共同探讨，才能保证孩子能得到最好的教育和照顾。

建议二：结成"妈妈教育同盟"

由于平日工作忙，接触孩子的时间相对较少，无法准确掌握孩子的学校生活，这时妈妈们又该怎么办？其实很简单，妈妈们完全可以借助另一支力量——同龄孩子的妈妈，来获取子女的教育信息。妈妈要与其他妈妈建立良好的"伙伴关系"，相互交流经验，相互交换信息，最好是能够结成一个"妈妈教育同盟"，用大家的爱去培养大家的孩子。

读到这里，也许有些妈妈会说："每天上班、下班、回家、做饭、辅导孩子做功课，时间排得满满的，哪有时间去接触其他妈妈呢？"那么，不妨看看这位妈妈是怎样建立"妈妈教育同盟"的：

儿子刚上小学1年级。由于上班很忙，我很难及时了解孩子在学校里的实际状况。思来想去，我有了一个主意——我向领导请了几次假，去参加学校举办的一些活动，一来二去，就认识很多其他孩子的妈妈。

在参加了几次校园活动以后，我便与妈妈们结成了"妈妈同盟"。平时，我们经常利用电话、QQ，聊一些关于孩子的教育问题。有时，她们还会告诉我孩子最近的一些动向，提醒我最近要注意的事情，等等。在她们的帮助下，我在"教子"方面确实获得了很大收益。

事实上，1～2年级孩子的妈妈们因为子女在年龄、学习内容等多方面有共同点，所以在教子方面很容易找到共同语言，只要你肯用心去接触、去沟通，就不难与她们达成共识，与她们一起去呵护孩子的成长。

建议三：增进亲子交流，获取孩子的理解

有一位妈妈在博客上写道：

我和老公都是上班族，我在一家造纸厂上班，平时工作很忙。孩子在学校里有老师，有同学，我们放心，他也开心。可一到了节假日加班时，儿子就哭闹着不让我去，责怪我不能像别人家的妈妈一样陪他玩。儿子才上1年级，正是需要妈妈陪伴的年纪。可是有什么办法呢？家庭开销这么大，只靠他爸爸一个人，根本支撑不起来，更别谈给孩子创造什么好的教育条件了。

7岁的儿子犟脾气一上来说什么都不听，怎么哄都不行，任我怎么解释他都不能理解妈妈为什么一定要去上班而不肯陪他去动物园，去游乐园。每每看到孩子紧皱的眉头、委屈的小脸，我都会心痛万分。每次我都是狠心甩开他的小手，头也不回地跑出门去，听见咣的一声关上的大门里儿子嘶哑的哭声，我的眼泪也常常不由得

落了下来。

几经思考，我决定让孩子切身体会一下妈妈工作的辛苦。

于是，在征得领导同意的情况下，我在周末将儿子带到了工作车间。儿子睁着的小眼睛一会儿看看这儿，一会儿看看那儿，脸上写满了好奇，不停地问这问那，我都耐心地一一解答。走着走着，当儿子看到那些叔叔、阿姨在辛苦地灌浆、切纸时，他脸上的笑容逐渐消失了。

回到家以后，儿子破天荒地要为我捶肩，并对我说："妈妈，原来你工作这么辛苦啊。"

我笑了笑，摸着他的小脑瓜说道："只要你能够好好生活、好好学习，妈妈就是再辛苦也是值得的。"

孩子似乎有些哽咽："妈妈，我以后再也不无理取闹了……"

我的眼角似乎也有些湿润，因为孩子终于懂事了，终于从心里接受我工作的事实了……

其实孩子的心理极易得到满足，只要妈妈略微抽出一点时间来增进亲子交流，让孩子感到妈妈是爱自己的，孩子就可以感到幸福和满足，例如，午休时打个电话询问一下孩子吃没吃饱，放学后打个电话问问孩子有没有安全到家，晚饭后问问孩子今天都学了什么、和同学相处得如何……他就会感觉爸爸妈妈是爱他的，就会快快乐乐地投入到学习和生活中去。

1~2年级，孩子学习潜能的爆发期

第四章 | 语、数、外——学习也可以像游戏一样令孩子着迷

上小学后，学习的科目、难度都比幼儿园时有了很大的区别，很多孩子都感觉学习变得比较吃力了。这个时候，妈妈首先要注意的是培养和提高孩子的学习能力，激发孩子的学习兴趣，使孩子的各科学习步入一个有条理的良性循环之中，从而让孩子爱上学习！

1~2 年级，如何对孩子进行兴趣培养

法国有一位社会学家曾经对幸福的人生定义了十条标准，其中之一便是：有一个终身被其吸引的兴趣。每一位妈妈都应该在孩子小的时候就培养其一至两个能够陪伴孩子一生、给孩子的一生带来快乐的兴趣。这样不但可以增加孩子生活的乐趣，陶冶孩子的性情，提高其文化素养，对孩子的身心健康也有很大帮助，同时兴趣也是孩子社会交往的有益纽带，对孩子一生的成长意义深远。

但究竟如何培养 1~2 年级孩子的兴趣爱好，又往往成为令许

多妈妈头疼的事情。有的妈妈不知道该培养孩子哪方面的兴趣爱好，觉得自己的孩子好像没有什么特别感兴趣的事物；有的妈妈则觉得自己的孩子是三分钟热度，为孩子经常性的兴趣转移而发愁。下面是培养孩子的兴趣爱好时需要注意的几个方面：

建议一：让孩子自己选择兴趣爱好

在培养孩子兴趣方面，大多数妈妈会犯一个错误——并不顾及孩子到底喜不喜欢，精神压力大不大，一味地"包办"孩子的兴趣。

雅丽刚刚上小学1年级，刚到暑假，妈妈就迫不及待地为她报了三个兴趣班：声乐班、英语班和舞蹈班。我问她的妈妈："为孩子报这些班，孩子情愿吗？"这位妈妈却兴高采烈地说："我从小就想当一名舞蹈演员，但是没有实现；孩子的爸爸是一名音乐迷，一直对音乐很感兴趣；至于英语班，这自然是必不可少的，学习英语是大势所趋啊！"

看着这位妈妈陶醉的样子，我真的很不忍心打击她。但是作为妈妈，她是否想过：把自己的爱好和梦想强加在孩子身上合适吗？孩子是一个独立的个体，不是父母的私有物，他们有自己的想法，有自己的梦想，父母无权将自己未能实现的梦想寄托在孩子身上。

建议二：孩子的兴趣学习不要功利化

另外，妈妈们容易犯的另一个错误就是对孩子的兴趣培养太功利化。我曾经听一位美术班的老师跟我讲过这样一个例子：

在他的班里，有一个小男孩，刚开始对画画非常有兴趣，老师也觉得这个孩子很有天赋。可是不知道为什么，渐渐地这个小男孩开始对画画产生了厌恶情绪，画画也不认真了，作业也不交了。这位老师感到很奇怪：是不是自己的问题呢？不可能啊，自己一直对这个小男孩很重视啊。后来的一个突然发现解开了老师心里的疑惑。在一次美术班下课之后，这位老师听到小男孩的妈妈在训斥小男孩说："你一天都在干什么？唉，你这孩子干什么都不认真！你看人家王蒙（美术班另一个孩子），总是获奖，再看看你……"事实上，王蒙已经在美术班学习两年多了，而这个小男孩才学习了一个多月。后来的情况可想而知，第二个月结束之后，这个小男孩就没有继续报名。

难道妈妈们真的需要这么功利吗？孩子需要的是快乐而不是奖牌。对孩子进行兴趣培养，并不是为了获得奖项和荣誉，妈妈需要培养的是一个有健康人格、心理阳光、快乐幸福的孩子。所以，作妈妈一定要注意，在孩子的兴趣培养方面，一定要遵循这样一个观念：

兴趣培养是为了让孩子快乐，是为其一生找一个"伙伴"，不要太功利化。

建议三：从生活细节中发现孩子的兴趣

对孩子兴趣培养的最好方式，是在生活的细节中发现孩子的爱好，然后发掘他们的潜力。正如儿童教育专家毛柏生所说："孩子们的兴趣应从生活细节中发现并加以引导，而不要采取跟风或填鸭式的教育，不然，会扼杀孩子可贵的兴趣爱好。"他还说："孩子的兴趣爱好，其实就是闪光的一瞬间。比如，孩子走过蚂蚁窝，又返回来看，作为妈妈，不要粗暴地说：'蚂蚁有什么好看的，快点走！'而应该耐心地等待，让孩子进行观察，或者在一旁引导孩子说：'你看，蚂蚁排着队伍多整齐呀！蚂蚁和人类一样有生命，不要用脚去踩它们。'如果您发现孩子在听音乐时表现得非常专注，说明他有这方面的天赋，应该加以挖掘和引导，可以为他报名参加相应的培训班。"

作为妈妈，应该多和孩子进行沟通，了解孩子到底喜欢什么，让他自由去选择。孩子的选择权得到了尊重，他的自主意识也就能够得到增强，这对他的一生都有好处。

建议四：着手创设环境

其实，孩子的潜能就像一颗种子，只要有适宜的条件，就会生根，发芽，结果。也许妈妈在给孩子一只蜡笔的瞬间就造就了一位未来的艺术家呢！所以，当孩子表达了关于某种兴趣爱好方面的期望时，作为妈妈就应该着手给孩子创设一个相应的环境，不妨和孩子一起讨论计划，看什么样的环境和条件最合理且最适合他。

建议五：督促孩子持之以恒

孩子毕竟是孩子，对于一个问题很容易懈怠，也很容易转移兴趣。出现这些情况后，妈妈就需要科学地引导、鼓励孩子坚持下去，可以和孩子沟通，比如：持之以恒培养兴趣，成功了会怎样？当初耗费这么多金钱、时间和精力，现在中断是不是太可惜了？多沟通，多交流，孩子会明白的。

对孩子兴趣爱好的培养就是这样一个不断坚持、不断磨炼的过程。这个过程需要妈妈的积极引导和耐心指导，只有做到了这些，孩子才能在美好人生中享受到自由的天空。

阅读——用妈妈的读书声激发孩子的兴趣

美国读书协会前主席鲁斯·格雷沃斯先生说："现在，在一些家庭中有一种怪现象：妈妈喜欢看书，却往往等到孩子上床入睡之后才坐下来看，结果，孩子竟一直不知道自己的爸爸妈妈也喜欢看书。真可惜！"因此，在家里，妈妈尤其是妈妈应尽可能多地和孩子在一起看书，做孩子的阅读榜样，同时，还可以经常与孩子在一起交流读书的方法和心得，鼓励孩子把书中的故事情节或具体内容复述出来，把自己的看法和观点讲出来，然后大家一起分析、讨论。如此反复练习，孩子的阅读兴趣就可能变得更加浓郁，同时孩子的阅读水平也将逐步提高。

让我们看看一位聪明的妈妈是如何培养孩子的阅读兴趣的：

蒙蒙的妈妈是一位小学教师。她明白读书的重要性，也懂得要让孩子从小养成好的习惯。因此，在蒙蒙很小时，妈妈一有空就拿着书读起来，时不时还会说一句："真是太有意思了！"

小孩子对于读书的兴趣一般都不大，但是对于未知事物的好奇心却很强，在妈妈的耐心"诱惑"下，每天"听"书成了蒙蒙的必修课，渐渐地也忍不住拿起书读起来。即使妈妈带着她走亲戚，她首先要带的也是书。在蒙蒙的心目中，书是她的玩具。蒙蒙最爱做的一件事就是坐在妈妈盘着的腿中间与妈妈一起读书。

妈妈这一招效果显著，刚刚上小学 2 年级，蒙蒙的阅读量已经达到一个初中生的水平了。妈妈每次下班回家，在楼下都能听到琅琅的阅读童音。

可见，用妈妈的"读书声"培养孩子阅读的习惯是非常有效的。在妈妈参与阅读的情况下，孩子的阅读兴趣被激发，阅读能力得到提升，更重要的是，妈妈和孩子在阅读中建立的情感交流，成为孩子成长中最需要的营养成分。

不过需要注意的是，培养孩子的阅读兴趣，重要的是像案例中那位聪明的妈妈一样，多"诱惑"，而不是"下任务"。很多妈妈也意识到培养孩子阅读兴趣的重要性，但是往往是命令孩子每天读什么书、读多少，这样做反而适得其反。要知道，不管是大人还是孩子，一生中最讨厌的事莫过于别人给自己下任务，强迫自己。如果要让孩子喜欢上阅读，有三点是严格禁止的：

• 不要总是对孩子爱不爱读书这件事进行评论，或是与其他孩子比较。

- 不要直接要求孩子"去读书"。
- 不要以阅读的事情和借口来教训或批评孩子。

这里和妈妈们分享教育专家尹建莉的一句话："在教育中，想要孩子接受什么，就去诱惑他；想要孩子排斥什么，就去强迫他。凡达不到目的、事与愿违的妈妈，一定是把方法用反了。"

同时，妈妈们在培养孩子的阅读兴趣时还可以参考以下几点建议：

建议一：给孩子选书的权利

要让孩子喜欢读书，作为妈妈就要摒弃自己心目中的"好书"概念，把选择权还给孩子，这样他才会对书感兴趣。当然，这并非是要妈妈对孩子的选择不加指导，而是为他提供尽可能多的选择，在这些选择当中任由他挑选。一些妈妈担心孩子挑选的书太难理解、意义不大或不太适合他阅读，遇到这种情况，妈妈可以给孩子提一些更好的建议，但不要强迫孩子改变选择。相比起替孩子做主，将选择权还给孩子是能够更好地让孩子建立起阅读兴趣的。

建议二：体裁要广泛

在向孩子提供阅读材料的选择方面，妈妈不应将这些阅读材料局限在与学习有关的读物上，而应让孩子广泛涉猎小说、诗歌、散文、传记、历史、科普等各种体裁的书籍。一些艺术和手工类的书籍更是激发儿童创造力与想象力的好媒介，即便是菜谱，只要孩子愿意看，就应当给他看。还有，阅读也并不一定仅限于图书。漂亮有趣的物品包装袋、大街上的海报、漫画和杂志等，都可以成为孩子阅读的材料。这些阅读材料完全可以看做是现有阅读的延续，能极大地拓展孩子的视野和知识面。

建议三：分清好阅读与坏阅读

曾经有儿童教育学家总结出孩子阅读时的注意事项，这里和妈妈们一起分享：

- 好阅读要尽量使用书面语，坏阅读往往是大量使用口语；
- 好阅读要求孩子加快阅读的速度，坏阅读要求孩子慢慢读；
- 好阅读在乎读了多少，坏阅读却着眼于记住了多少；
- 好阅读读字，坏阅读读图。

识字——形象教育让孩子记牢汉字

人生的智慧从识字开始，而1～2年级的语文课主要以识字为主，因此，这个阶段是孩子识字的大好时机。但是很多孩子对于复杂的汉字总是记不住。其实孩子学汉字，要比妈妈想象的容易得多，记不住，只不过是方法不恰当而已。

识字的能力是孩子学习语文的基础，为了使孩子在愉快、轻松的气氛中主动识字，妈妈就应该根据儿童的年龄特点，用形象化的方式让孩子记牢汉字，有意识地激发孩子的识字兴趣，拓宽他的识字途径，培养他的识字能力。妈妈不妨从以下几个方面对孩子进行教育：

方法一：把抽象的符号具体形象化

对于刚入学的孩子来讲，识字是一件很枯燥的事情，而对于枯燥的事物，孩子的情绪总是消极和被动的。如果孩子们一味地被动识字，不仅识字的效率低，还在一定程度上束缚了其思维的发展。因此，作为妈妈一定要注意充分调动起孩子识字的兴趣，不断激发孩子去体验识字的乐趣，只有这样，孩子才能乐于识字，主动识字。比如，妈妈要经常演示给孩子之前接触过的有代表性的会意字、形声字，通过画面与文字的演变，激起孩子探索汉字奥秘的欲望，对学习识字产生浓厚的兴趣。

方法二：利用游戏的形式，调动孩子学习抽象文字的兴趣

兴趣是孩子学习的动力。游戏是孩子喜闻乐见的形式，孩子不仅喜欢模仿，更喜欢表现。因此，妈妈可以不断采用孩子喜闻乐见的形式对其进行教育，如猜字谜、找朋友、风车转转……利用生活中的游戏进行教育就会大大激发孩子学习汉字的兴趣。

我身边就有这样一个典型的事例：

刘女士的儿子已经上小学了，她经常和孩子将整套《帮我早读书》识字卡片像玩扑克一样，一人抓一张，抓到后就抢读，谁抢得快，读得准，字卡就归谁。最后，谁赢得的字卡多谁就获胜。有时候刘女士故意出错，让孩子帮忙纠正。在游戏中刘女士还发现，孩子个别字记得不牢，所以就把孩子易错的字卡单独拿出，利用各种机会，反复呈现，让孩子加深记忆。

除了抢读字卡的游戏外，她还利用字卡与儿子玩组词与造句游戏：拿到一张字（词）卡，不仅要读出来，还要利用这个字（词）说一句话。在游戏中，孩子不仅懂得了字与字之间的联系，熟悉了字的用法，还极大地提高了语言表达能力。在寓教于乐的快乐氛围里，孩子对老师教过的字及时进行了巩固，识字兴趣也越来越浓了。

当然，除了事例中刘女士和孩子玩字卡的游戏以外，还有多种游戏方式可以帮孩子快速识字。

★摘水果

妈妈可以先画出不同的果树，再把写有形近字的水果形卡片贴到相应的果树上，如"杨、扬""刻、孩""栏、拦"等。妈妈读哪个字，就让孩子把带有这个字的水果摘下来，然后用这个字组词。

★动物找食

妈妈可以在墙上贴上带有汉字的食物画，如小虫、竹叶、青草、萝卜，再在另一处贴上几种带有汉字的动物画，如青蛙、熊猫、山羊、小兔，让孩子分别读出各种动物和各种食物的名称，然后帮助动物找出它们各自喜欢的食物，相对应地贴在一起。

★添加笔画游戏

学习汉字的过程由简到繁，由易到难，是有章可循的，给汉字加一笔或减一笔，都会出现不同的字。做好了这个游戏，就能增强孩子分析生字、拆分生字的能力。例如："日"加一笔可以变成哪些字？（目、白、由、旧、电、田……）

★编顺口溜

孩子在学习生字的过程中，妈妈可以为其编出许多顺口溜，比如："大口里面套小口"是"回"字；"一口咬掉牛尾巴"是"告"字；"朝"字，十月十日；"真"字，"一横长，一竖小，放个具字真正好，真字里面是三横，少了一笔也不行"等。这样就大大激发了孩子学习汉字的兴趣，让孩子在快乐的氛围中记牢汉字。

方法三：给字配"画"，培养孩子的想象力

爱因斯坦曾说："想象力比知识更重要，因为知识是有限的，而想象力概括着世界上的一切并推动着进步，想象才是知识进化的源泉。"因此，在对孩子进行识字的教育过程中，妈妈们要根据孩子思维的特点，引导孩子想象，帮助他们把抽象的符号具体形象化，从而培养孩子的识字能力。

例如，在教"雨"这个生字时，妈妈可以根据这个年龄段的孩子对这个字的理解，在纸上把这个字生动地画出来："雨"字上面的一横就代表雷电，一竖跟横折钩就代表一间房子，中间的一竖就是闪电，直穿房子，把房子都打了一个孔，那么房子就漏水了，那里面的四点就是漏进来的雨水。孩子的想象力十分丰富，妈妈们如果将抽象的汉字转换成具体可感、生动活泼的图画，孩子就会收到很好的识字效果，进而激发出学习语文的浓厚兴趣。

写作——每周给孩子写一封信

写作不仅是一种表达，也是语文学习的重要内容之一。妈妈作为孩子的启蒙老师，有责任对孩子循循善诱，设计多种多样的方法来激发孩子写作的热情，逐步培养孩子写作的兴趣。

尽管作文是语文的重要内容之一，在语文教育中具有十分重要的地位，但是，实际上，有许多孩子都不喜欢作文，甚至怕作文。这是什么缘故呢？

孩子对作文不感兴趣的原因是多方面的，针对这个问题，曾经有人做过一个调查，调查结果显示：孩子不喜欢写作文、怕写作文的最主要原因有以下几方面：

• 不关心——对作文认识不足，认为写文章是作家的事，自己不想当作家，与己无关；

• 怕麻烦——孩子们说"作文难，作文难，讲到作文心就烦"；

• 没词写——没有留心生活，不注意积累素材，没东西写；

• 没法写——有些孩子虽然积累了一些生活素材，但不懂得如何写、从何写。

针对以上情况，作为妈妈，应当采取什么样的方式逐步培养孩子的写作兴趣，提高其写作能力呢？

曾经有一位妈妈是通过这样一种方式来成功激发女儿的写作兴

趣的：

女儿上小学1年级了，语文老师每天都要求摘抄好词好句，周末还会布置作文。因为女儿特别喜欢读书，为此，妈妈还帮她订了好多作文书，其中有一些好的文章，女儿甚至能背诵。可尽管如此，女儿最怕的还是写作文，每次老师布置的作文题，女儿都是躲在书房里苦思冥想，最终还是不知道该写什么、怎么写。看到女儿为难的表情，妈妈决定想办法帮助女儿渡过写作文的难关。

妈妈想：在这个充斥着电子邮件、手机短信、即时聊天、电话联系的时代里，写信已是一种怀旧的表现，是一种另类的表达。但是作为妈妈，还是希望孩子能"吃点有营养的东西"，而不是"速食快餐"，所以妈妈就决定每周给女儿写一封信，鼓励她给自己写回信，希望能由此锻炼女儿的写作思路，激发她写作的兴趣，从而提高其写作水平。

此后的第一周，女儿收到了妈妈的第一封信，也是她人生中的第一封信，信的内容只是平时生活中的叙述而已，但妈妈却写得非常认真、情真意切。

第一次拿到信的女儿十分兴奋，通过妈妈的指点，女儿第一次写了回信，尽管有些生涩，但女儿却迈出了第一步。之后，妈妈就每周给女儿写一封信，内容也丰富多彩，有同女儿一起旅游回来的感受，也有看某部动画片或者某本书的感受，等等。同样，女儿也都给予了回复。就这样，一直持续了一个学期。女儿写回信也渐渐成了一种习惯，还爱上了每天写日记。

看着进步明显的作文，女儿高兴极了，妈妈也欣慰地笑了。妈妈知道，给孩子写信的方法真的起到作用了。

由此可见，作文和写信是相通的。案例中的这位妈妈利用给孩子写信并让孩子写回信的方式有意识地激发了孩子的写作兴趣，提高了孩子的写作能力。

1～2年级的作文学习可以说是提高孩子认知水平以及培养其语言文字表达能力的起步阶段，因此培养孩子的写作兴趣显得尤为关键。只有把握好了这一点，才会让孩子觉得原来写作也是一件很快乐的事情。然而，这个年龄阶段的孩子现在还是一个不成熟的个体，正处于一个学习、锻炼、走向成熟的过程，而且这个过程是十分漫长的，作为妈妈，当然就需要一份耐心了。

妈妈鼓励孩子写作，首先要善于引导，这里给妈妈的建议有以下三点：

建议一：增加孩子的词汇量

孩子在写作文时遇到的最大困难是他们经常感到不知该如何使用正确的语句表达自己想要表达的意思和观点，或者词不达意。这主要是因为孩子掌握的词汇量太少，心里有话笔下却写不出来。所以增加词汇量是培养孩子写作能力的前提。平时，妈妈要引导孩子在阅读的过程中识记新词语，让他把自己喜欢的句子或段落摘抄下来并熟读，甚至背诵下来；引导孩子用学到的新词造句；引导孩子在写作中使用不同的词语表达相近的意思；引导他正确使用形容词、动词和副词等。

建议二：鼓励孩子多说多写

比如：鼓励孩子养成写日记的习惯；鼓励孩子清楚地表达自己的想法；给孩子写纸条和信件；给孩子创造一个有书桌、纸张、铅笔等物品的书写环境；建议孩子将自己想写的题目先对着录音机讲一遍，讲后重复放一遍，再将内容写下来；保证孩子手头有一本字典；帮助孩子养成互相讲故事的习惯，等等。

建议三：帮助孩子提高写作水平要讲究方法

妈妈在给孩子讲写作主题时，要耐心启发，先让孩子自己谈想法，再作些提示。讨论时要尊重孩子自己的意愿，不要以大人的思维习惯，去套住孩子活跃的思维。此外，在帮助孩子修改作文时，妈妈切不可大笔一挥，又砍又添，包办代替，否则，最后这篇文章就不是孩子的作文而成了妈妈的文章了。

英语——和孩子一起看 20 分钟英语动画片

有人曾经这样说："只会说家乡话，难以走出家门；只会说中国话，无法面对世界。"由此可见，现代人掌握第二种语言的必要性。而英语作为一个重要的交际工具，是当今世界上主要的国际通用语言之一，也是世界上使用最广泛的语言。据统计，世界上约有20 个国家把英语作为官方语言或第二语言使用，共计约 8 亿人。换句话说，世界上差不多每五个人中有一个人至少在一定程度上懂英语。若再加上世界各国中小学生学习英语的人数，懂英语的人就更多了。为了更好地适应这个社会，学习英语当然是必不可少了，但是由于语言环境的匮乏，中国人学习英语一般比较困难，有些学生英语考试成绩很好，却出现了"哑巴英语"的现象。怎样才能让孩子学好英语呢？怎样才能给孩子一个适合学英语的语言环境呢？

在我国老一辈的旅美作家和学者中，许多都是通过看电影学英语。如今，通过看动画片学英语成了孩子学英语的有效方法。英语动画片其实就是孩子学习英语的一个良好的语言环境。少儿英语专家指出："在听的方面，儿童要比成年人更具有语言学习的天赋。一个 5 岁的孩子，词汇量可达到 5000 个，而且语言流畅，叙述准确，几乎没什么语法错误。而孩子的语言能力往往是从周围环境中听来的，因此，一个完全外语式的成长环境可以使儿童快速学会外语。"从这个方面来说，让孩子看动画片显然是一个不错的选择，这是一种寓教于乐的教育方式，而且这种方式已经被越来越多的人采用。

有这样一个案例：

孩子上小学了，尽管妈妈之前曾教过孩子一些简单的英语单词，但孩子仍然在学习英语上遇到了许多困难：单词记不住，念得也不准确。于是这位妈妈便买了一些孩子喜欢看的英语动画片，每天晚上她都会坚持陪孩子一起看 20 分钟的动画片。慢慢地，她发现孩子比较喜欢学英语了，并对学校每周两节的英语课表现出"吃不饱"的状态。孩子的英语成绩也进步很快。

对于 1~2 年级刚入学的孩子来说，在英语学习方面，英语材料的选择是非常关键的。因此妈妈在给孩子买英语动画片时，就要力求材料符合幼儿的身心特点，注重选择孩子亲身经历和日常生活中感兴趣、能理解、易吸收的内容，既要生动有趣，又要贴近孩子的生活与情感喜好。其难度要符合这个年龄段孩子的发展特点，使孩子既不至于感到太难，又感到有一定的挑战性。比如《米老鼠》《白雪公主》《灰姑娘》《阿拉丁神灯》等经典动画片都是孩子们喜闻乐见、耳熟能详的，可以让孩子们在有趣的故事环境中快乐地学习英语。

具体而言，妈妈应该如何给孩子选择适合的英语动画片呢？

方法一：选择孩子喜欢的动画片

兴趣是最好的老师。选择一部孩子喜欢的动画片所能取得的效果，远远超过逼迫孩子看动画片的效果。比如孩子有一段时间喜欢《米老鼠和唐老鸭》，那么这段时间就可以一直播放这部动画片，等哪天孩子的兴趣转移到其他动画片了，再给他放他感兴趣的其他动画片。但这个节奏妈妈最好能自己控制，不要一次提供太多选择给孩子，以免孩子迅速转移兴趣，那样就真的成了看动画片，而不是通过动画片学习英语了。

方法二：尽量选择对白多的动画片

同样是 10 分钟的动画片，孩子从对白多的动画片里面接受的信息远远超过对白少的。所以，同样是看 10 分钟，孩子所接收到的信息量肯定就不同。虽然这点听起来有些"功利性"，但是出于学习英语的目的，孩子又不排斥语速快的、对白多的动画片，那作为妈妈何乐而不为呢？

方法三：动画片的长度要合适

系列动画片最好挑选长度是 10～20 分钟的，这样不仅可以保护孩子的视力，还可以起到复习的作用。看完一遍再重复一次也不会花太长时间，容易巩固看完的动画内容。当然，如果孩子特别喜欢某部电影或某个人物，妈妈也可以选择放电影给他看，但可以在时间上对孩子加以控制。

有一位妈妈在这个方面做得非常好：

女儿上小学了，要学英语。她平时特别喜欢芭比，因此，对于她看芭比的电影，妈妈就不会反对，但是却在时间上加以控制，在周末才会让孩子看，每部电影都会分两次播放完。因为女儿特别喜欢，一部电影可以反反复复地看几十遍，这样电影里的对白她基本就可以会声会色地模仿出来。

方法四：动画片中要带有中文字幕

如果你的孩子在上小学前没有接触过英语，或者英语基础不好，在选择动画片时就要尽量选择带中文字幕的，因为一开始就选择无字幕的英文对白原版动画片很容易打击孩子的信心，而中文字幕对初学英语的孩子而言是实用有效的。等孩子把动画片看熟了、内容明白了后再看没字幕的也不会影响孩子的英文思维。关键是孩子看完有中文字幕的动画片后，妈妈要反复放给孩子听。

此外，在看动画片的同时，妈妈还可以配合一些单词卡片、阅读练习、听力练习等组合成系统的学习方案，从英语学习的听、说、读、写、练、玩等方面全方位开展学习，循序渐进地引导孩子学好英语。

生活中，孩子学习英语时所接触的书本作业都是不会说话的，小动物不会动更不会说外语，一切都显得那么呆板，而这些在动画片里都可以实现。孩子们从那种夸张、幽默的环境里得到了心理上的满足，也开始对原本无味的英语感兴趣了，即使是平时不善言辞的孩子，在和妈妈一起看动画片时也会变得滔滔不绝起来，这样的体验对孩子学习英语是十分有益的。

数学——生活处处有加减乘除

数学具有抽象性、逻辑性等特点，这些特点使数学理性化太强。再加上1～2年级的孩子正处于以形象思维为主的阶段，所以许多孩子不喜欢学习数学。这就需要妈妈注意激发孩子学习数学的兴趣。有一项心理学研究表明：孩子所要学习的内容和其所熟悉的生活越贴近，孩子自觉接纳知识的程度就越高。因此，想要激发孩子学习数学的兴趣，教孩子在生活中学习数学是一个不错的选择。从孩子熟悉的生活背景引入数学知识，让孩子感觉数学其实就在自己的身边，也不是那么令人讨厌。

曾经有一位聪明的妈妈这样教孩子学数学：

有一次，这位妈妈给自己的孩子在集市上买了几条小金鱼，孩子看着这些金鱼十分兴奋，于是妈妈想考考孩子。她给孩子出了一道数学题："现在鱼缸中有 5 条金鱼，如果死了 1 条，还剩下几条呢？"

孩子看了妈妈一眼，脱口而出："妈妈，我都上 2 年级了，你怎么还用这样的题目来考我呢？当然是还剩下 4 条了。"

"你确定这个答案是正确的？"妈妈故意问他。

"当然了，确定。"孩子还是特别自信地说。

"那好吧，以后我再告诉你答案。"妈妈十分神秘地说。

终于有一天，有一只小金鱼死掉了，于是妈妈就故意问孩子："你看看还剩下几条鱼？"

"5 条。"

然后妈妈就从鱼缸里把那一条死去的金鱼捞出来，又问道："现在还有几条？"

"4 条。"

"那上次的题目你是不是答错了？"妈妈笑着问孩子。

孩子不好意思地低下头去。

过了几天，孩子忽然兴趣高涨，追着正在做家务的妈妈问："妈妈，我给你出一道题目吧。树上有 10 只鸟，被一个猎人打死了 1 只，还剩下几只呢？"

妈妈说："9 只？"

孩子很自豪地对妈妈说："不对。"

"那就是 0 只，因为其余的鸟都被枪声吓跑了。"妈妈想了想说。

"妈妈，还是不对。"孩子更加自豪地说。

于是妈妈停止手头的家务，十分认真地问孩子："那还剩下几只呢？"

孩子煞有介事地跟妈妈说道："妈妈，答案有两个：0 只或 1

只。妈妈只答对了一半。"

"那1只是怎么回事啊?"妈妈疑惑地问道。

孩子说:"我又没有告诉你那一只死了的鸟有没有从树上掉下来。"妈妈想了想,原来孩子是在"报复"自己啊。

从以上的事例中,妈妈们可以感受到:生活中处处都有加减乘除,处处都有数学。因此,在教孩子学习数学时,妈妈就要注意联系生活实际,有意识地为孩子创设一定的生活情景,让孩子在实践中发现问题,提出问题,在实践活动中理解知识,掌握知识。具体而言,妈妈可以从以下两个方面入手:

方法一:从生活中寻找数学问题

数学来源于生活又服务于生活,生活中处处充满着数学,数学就在孩子们的身边,所以,妈妈要善于从生活中寻找数学问题来教育孩子。在家务劳动中,孩子大多是热心的小帮手,妈妈就可以趁机让孩子学点数学,如:帮忙给袜子配对、分拣要洗的衣服,这无疑是锻炼其分类能力的好活动;往洗衣机里倒洗衣粉,学习的是度量概念;摆碗筷,学习的是数数和分类……这些都可以向孩子展示每日生活中有用的数学。再比如,在教孩子"时、分、秒"这三个概念时,妈妈可以给孩子留一项作业,作业可以设为以下几个问题让孩子做记录:

• 早晨几点钟起床?几点钟吃早饭?

• 几点钟去上学?几点钟到学校?几点钟上课?下午几点钟放学?

• 每天晚上中央一台的《新闻联播》什么时候开始?总共需要多长时间?

• 每天下午放学后几点钟开始写作业?一般需要多长时间完成?

- 一分钟能做些什么？

……

这些作业里面的问题都与时间有关。那么，孩子在完成这个作业的同时，实际上就已经对"时、分、秒"有了一个初步的感知。以此为基础，再引进"时、分、秒"的数学概念时就会水到渠成，孩子就不会感到陌生了。这样的教学方法，可以让孩子深切体会到原来数学就在自己的身边，身边处处都有数学，而且离得很近，使孩子对数学逐渐产生亲切感，从而大大调动其主动学习数学的兴趣。

方法二：与孩子一起学生活中的数学

妈妈可以陪孩子一起玩数学小游戏、做数学模型等，从游戏与制作中激发孩子的兴趣。比如：和孩子一起玩七巧板、搭积木、堆建筑玩具，与孩子共同学做笔筒、糊火柴盒，这些都能培养孩子的空间观念，帮助孩子在玩中探索数学知识。妈妈还可以陪孩子玩简单的棋盘游戏，这需要孩子去数数、认数字，而且随着年龄的增长，孩子还能够体会到概率问题。再如：逛商场时，妈妈可以和孩子一起商量 50 元钱能够买哪些东西；家里来客人时，让孩子帮着想想要准备多少副碗筷。

生活是教育的中心，生活中的数学细节为孩子们学习数学提供了更广阔的视野。让孩子在生活中学数学，孩子会逐渐对数学产生一种亲近感，感到数学与生活同在，从而提高其学习数学的主动性，发展求异思维；同时也培养起孩子理论联系实际的学风和勇于探究、大胆创新、不断进取的精神，亲自体会应用所学知识去解决实际问题的乐趣。

音乐——赋予孩子一双"聪明"的耳朵

匈牙利作曲家、音乐教育家科达伊曾说："音乐是人类文化绝不可少的部分，对于一个缺少了音乐的人来讲，他的文化是不完善的。没有音乐的人是不完全的人。"可见音乐对于一个人一生发展的重要性。

美国曾有一位学者通过对几百名学生进行调查发现，有边学习边听音乐习惯的男生，要比没有这个习惯的男生学习成绩好。平时习惯于听70分贝音乐的男生，学习成绩优于听40分贝的男生。研究结果认为，音乐能提高学习效果，这是因为每一支乐曲都是由一定的速度、音色、强度、节奏等因素组成的，并且处在不断的变化之中，表达和传递着某种意境，调节着人的心理活动，因而使学生大脑处于较佳状态。

通过音乐可以锻炼孩子的想象力，促进其思维能力的发展，提高孩子五官四肢的灵敏协调反应能力，增强再造想象及创造性思维等，在熟练迁移、触类旁通的作用下，音乐对其他学科的学习也有着促进功能。所以，让孩子适当学习音乐，给他一双"聪明"的耳朵是很有必要的。

德国有8000多万人口，但是合唱团就有4万个，另外还有2.5万个业余或专业乐团和舞蹈团，约每4个德国人中就有1人会熟练演奏一种乐器或在合唱团唱歌。很多德国人对声乐、器乐都很在行。可以说德国是音乐之邦，其实，这和德国人儿时所受的音乐教育是分不开的。

德国孩子是玩多学少，但妈妈的言传身教却对孩子产生了潜移默化的影响。当妈妈与客人津津乐道地谈论音乐作品时，当她们演练自己钟爱的乐器时，当她们领着孩子参加音乐盛会时，孩子天然具有的对艺术的爱恋便产生了。儿童好奇心的诱惑使学习音乐成为一种享受。德国妈妈们普遍认为激发儿童学习音乐的兴趣，要比用棍棒压迫儿童苦学有效得多。但前提是要成功地创设能够让孩子感受音乐美的家庭环境，以促进儿童参与环境的欲望。

对于一个普通人来说，音乐绝不是他一生的全部，但是我们可以说，音乐将伴随他全部的一生。同样，对于孩子们来说，音乐也是他们健康成长过程中的必然组成部分。像德国妈妈一样，我们每一位妈妈都可以通过潜移默化的方式来引导孩子学习音乐、爱上音乐。

妈妈不妨从以下两个方面来做：

方法一：创设热爱音乐的环境

1～2 年级的孩子正是接受音乐能力比较强的时期，想让孩子爱上音乐，妈妈就要注意随时给孩子创设一个热爱音乐的环境，以激发孩子学习音乐的兴趣。妈妈可以经常让孩子接触音乐，最简单的可从童谣、催眠曲开始，让孩子习惯音乐的节奏与旋律，然后可以教孩子唱歌，陪孩子听各种音乐。除此之外，妈妈还可以带孩子倾听自然的声音，例如，到郊外踏青时，引导孩子静心聆听鸟叫声、流水声、风吹过树林的声音等，体会大自然的音乐。平时让孩子多听各种声音之余，妈妈还可以发问的方式让孩子辨别各种声音，培养他对声音的辨识力。家庭条件好的可定期安排全家一起去听音乐会，体验临场演出的震撼与感动。妈妈平时与孩子听音乐时，也可以分享彼此对演奏曲目的感受，启发孩子更深层的欣赏认识，等等。

方法二：在孩子学习音乐时给予鼓励

音乐学习是一个循序渐进的过程，妈妈不能操之过急，关键不是让孩子成为什么音乐天才，而是要培养孩子持之以恒的兴趣。妈妈平时可多鼓励孩子进行演奏，但要避免吹毛求疵，要多加赞美，给予孩子信心。多些鼓励、支持，少些命令、责骂，不要给孩子太大的压力，也不要为孩子设定一个他自己根本不想达到的目标。毕竟不是每个人都有音乐天分的，如果孩子真的不想学，妈妈就应当帮助他开辟一条别的路走。

总之，妈妈如果能在日常生活中营造出音乐的气氛，让孩子在有趣而没有压力的环境下培养兴趣，就可以使孩子在学习音乐时，也能够学得好、学得久了。

体育——给孩子创设一个最放松的运动环境

前不久《北京晚报》上的一篇报道说，现在的孩子生活比过去好很多，一个家庭往往是三四个大人围着一个孩子转，不过孩子的身体素质却大不如从前。一个小学的体育老师说，现在有的孩子，看上去胖乎乎的，但是身体非常虚，跑不了几步就大汗淋漓，升旗仪式仅仅站一刻钟，就开始头晕乏力，甚至有的孩子做前滚翻的时候，胳膊竟然骨折了。

美国一位记者研究了100位成功人士后，总结了成为领袖级人物的十条规律，其中第一条就是有强壮的身体和充沛的精力。其实，精力充沛与否和身体素质有直接关系。毛主席也曾经说过："野蛮其体魄，文明其精神。"

可以说，强健的体魄是人生的基础。孩子在成长的过程中，只有具备健康、强壮的体魄，才能战胜学习和生活中的困难。鉴于此，作为妈妈，除了关心孩子饮食的营养之外，还要注意孩子的体育运动是否适量科学。现在也越来越多地听到妈妈们抱怨说：

"别人家的孩子生龙活虎，自己家的孩子一天到晚没精神。"

"孩子回家，瘫在沙发上，懒洋洋的，叫他帮忙拿一个杯子也慢吞吞的，看着就着急。"

"现在的孩子不知道怎么了，天气稍微有点变化，就感冒发烧。"

……

其实，这些都是身体素质差的表现。俗话说："生命在于运动。"运动不仅能给孩子带来无穷的活力，还能够促进孩子的身体成长。身体的健康发育是一切能力发展的前提和保障。孩子正处在生理发育和心理素质发展的敏感期，体育活动不仅能增强孩子的身体素质，满足他们的成长需要，同时也能够锻炼孩子的意志和品格。所以，给孩子创设一个放松的运动环境，充分调动孩子的运动天赋，对孩子的健康成长是十分有益的。

曾经有这样一个案例：

一位妈妈为了让体质很差的儿子增强体质，坚持每天带孩子进行一个小时的运动，从未间断过。孩子上学后，学习成了他生活中最重要的事情。眼看着同事都给自己的孩子报了特长班、补习班，妈妈也一直考虑要给儿子报一个班。但这样儿子的体育锻炼时间就减少了。经过仔细考虑，妈妈觉得还是体育锻炼最重要。运动对孩子的身体发育极为重要，在孩子正在长身体的阶段，绝对不能放松。健康、强健的体格是学习的坚实基础。经过几年的体育锻练，孩子的体质明显增强。尤其到入学时，孩子身体各个部位都发育得十分健康。

入学以后，孩子花在学习上的时间比别的同学少，但是他的成绩一直名列前茅。究其原因，就是他精力旺盛，精神高度集中，很少因为身体原因影响情绪和学习，这些都得益于平时的体育锻炼。

给孩子创设一个宽松的运动环境，培养孩子热爱运动的习惯，妈妈可以参考以下几点建议去做：

建议一：给孩子创造运动的条件

要为孩子创造运动的条件，鼓励、支持孩子参加各种体育锻炼，以增强孩子身体各部位的机能和适应环境的能力，增强孩子的体质。现代都市，居住环境一般比较狭窄，孩子在家里的活动空间有限。妈妈应在适当的时间，给孩子安排一些户外活动，让孩子多跑跑、跳跳，参加一些体能锻炼，这样，不仅可以训练孩子敏捷的身手，还可以锻炼孩子的体魄和胆略。

建议二：让孩子养成锻炼身体的生活习惯

1～2年级是孩子形成良好习惯的关键期，此时孩子正处于生长发育和素质发展的敏感期，可塑性强，最容易接受成人的引导与训练，正是养成自觉锻炼身体习惯的好机会。如果错过了，随着年龄的增长，由于受旧习惯的干扰，新习惯就难以形成。

建议三：参与孩子的运动游戏

由于许多独生子女缺少玩伴，妈妈就不可避免地要充当这一角色，比如和孩子一起拍球、传球、单腿跳等。因为这个年龄段的孩子竞争意识增加，重视行动后的结果，所以妈妈与孩子一起玩，可以提高孩子的运动能力。

建议四：多给孩子提供一些体育用具

孩子为运动而运动总感到枯燥，妈妈可为孩子配置必要的用具，增加活动的趣味性，如球类、橡皮筋等；另外，为了方便孩子运动，应该让他穿运动服和运动鞋。

建议五：为孩子提供安全的场地

训练孩子的运动能力，应该为他准备场地，且场地必须安全。妈妈不要整天将孩子关在家中。孩子放学后，总希望在外面玩一会儿，这时妈妈不要急着把孩子带回家，应该让他做些必要的户外活动，可以在居住地的周围找一块空地让孩子蹦蹦跳跳。需要注意的是，有些住宅区周围过往的车辆很多，妈妈应该特别注意孩子的安全。

对于刚入学的孩子来讲，身体是学习的本钱，而在紧张的学习之余，加强运动是锻炼身体的最佳方式。孩子要锻炼，一个放松的运动环境就是必不可少的。《我见之牛津》这本书中曾经有这样一句话："对学生真正有价值的东西，是他周围的生活环境。"给孩子营造良好的运动环境，才会让他拥有专属的、自由的运动空间，让孩子有兴趣伸胳膊动腿，有机会有的放矢地做运动。

第五章 | **1～2年级，最关键的是让孩子学会自主学习**

在现代家庭中，每个孩子都是宝，在妈妈的"帮助"下，孩子自主学习的机会被剥夺。试想：一个整天需要妈妈督促才能去学习、做作业的孩子，怎能指望他能自觉主动地去探索和学习呢？失去这种自由发挥的机会，孩子的智力发展也就会因"过度关心"而受阻。

善于激发孩子最初的学习兴趣

为什么许多孩子都不爱学习，总是要在妈妈或老师的压力下才肯学习，而且常常会有抵触的情绪？是孩子们太懒吗？可是为什么他们做起自己喜欢的事情来却兴致盎然，一点也不懒了？其根本原因就在于孩子无法在学习中体验到乐趣。人不管做什么事情，有兴趣才会有动力，对于1～2年级的孩子而言更是如此。孩子只有对学习有了兴趣，感受到学习的快乐，才会去主动学习，努力学习。孩子对学习有了浓厚的兴趣，妈妈也省去了不少的催促的麻烦。

那么，到底用什么样的方法才能有效地激发孩子学习的兴趣呢？妈妈们不妨从以下几点做起：

方法一：利用孩子的好奇心引导孩子的学习兴趣

孩子出现的"厌学症"就好比"厌食症"，孩子不想吃饭是因为肚子不饿，而孩子不想学习、不爱学习也是因为"学习不饥饿"，妈妈只要想办法去激发孩子对学习的"饥饿感"，那么孩子对学习的"食欲"也是会大大增加的。有一位妈妈在网上留言说：

儿子喜欢拆东西，已经先后拆坏了我两部手机、一部电话、好几台闹钟了。打了他很多次，他就是管不住自己。儿子成绩一般，但动手能力比较强，老师说儿子是有潜力的，但儿子好像就是提不起学习的兴趣，我不知道要如何引导孩子。

每个孩子对未知事物都抱着强烈的好奇心，1～2年级的孩子正处在好奇心最为强烈的年龄段。大到宇宙，小到一只蚂蚁，都可以引发孩子的好奇心和探索欲。妈妈的任务不是阻止，不是打骂，而是要把孩子的好奇心引导到学习兴趣上来。就拿案例中的孩子来说，当孩子拆了第一部手机的时候，妈妈应及时引导，和孩子一起共同学习，一起查找相关的资料，让他对手机的集成电路、工作原理等都有一个了解，这样，孩子的学习兴趣也就提高了。

有些孩子好奇心不强，妈妈就要想办法激发孩子的好奇心。比如，节假日妈妈可以带孩子去植物园、科技馆、天文馆等地方。陪孩子游玩的同时，又增加了他的见识。记住：游玩或游览时，不要走马观花，如果孩子对某一种物品特别感兴趣，妈妈就可以陪孩子多待一段时间，直到满足孩子的求知欲为止。如果快到时间了还没有游览完，妈妈也不要催促孩子匆匆走完，可以告诉孩子：这里还有很多神奇的东西，我们下周还可以过来。"最好能带上亲属家的孩子或者孩子的同学，因为同伴之间的交流会激发孩子更大的好奇心。只有带着一颗好奇心去学习，孩子才能在学习中得到无穷无尽的乐趣。

方法二：快乐学习——让孩子品尝到成功的甜头

我国古代伟大的教育家孔子说过："知之者不如好之者，好之者不如乐之者。"为什么孩子们做游戏时不知疲倦，妈妈怎么喊也不肯回家？为什么孩子在看动画片时连吃饭都顾不上？这是因为孩子在做这些事情时，从中感受到了真正的快乐。当孩子感觉学习很枯燥，没有意思时，学习就成为了一件痛苦的事情。

有的妈妈会问："同样的课本，同样的课堂和老师，为什么有的孩子喜欢学习，我的孩子就不喜欢学习？"遇到这种情况时，妈妈们就要反思一下自己在实际教育中是否有不当的言语或行为。例如："我都教你 3 遍了，你怎么还记不住呢？""你这次才考 75 分，下次争取考 90 分，听见了吗？"

1～2 年级的孩子正处于起步阶段，学习成绩不好并不代表孩子就笨，就没有努力，如果妈妈习惯用批评和消极的方式督促孩子的话，孩子就会感到委屈，滋生出羞愤、自卑、痛苦等消极情绪，从而对学习产生抵触情绪。

读小学 2 年级的小兵，之前很怕写作文，辅导他写作文也成了妈妈最头疼的事情。但有一天放学后，他高兴地说："妈妈，今天我的作文被贴到了学校的宣传栏里，老师不仅在班里读了我的作文，还当着全班同学的面表扬我了呢！"从此，小兵对作文产生了极大的兴趣，写得越来越好，老师让他代表班级参加学校的作文比赛，结果拿了二等奖。之后，小兵让妈妈给自己办了借书证，一到星期天就泡在图书馆里。

正是一次小小的成功，让小兵体会到了学习的甜头，激发了小兵的学习兴趣，彻底改变了小兵的学习态度。所以，有人这样说："让孩子尝到成功的滋味，体会到通过努力获得成功的快乐，孩子才会把努力当成一种习惯。只有把学习当成一种快乐而不是痛苦才能热爱学习。"

"小成功，大快乐"，小小的成功就会让孩子兴奋不已。做对一道数学题，写对一个汉字，就是孩子的快乐和成功，妈妈只要抓住孩子的每一次小成功，及时给予肯定和鼓励，不愁孩子对学习没有兴趣。因此，妈妈们在平时应多创造一些机会，多给孩子一些成功的体验。

方法三：引导孩子变换不同的学习方式

只吃一种口味的食物，即使你自己很想吃下去，你的肠胃也会不经你同意而大加抗议。学习也是如此，当孩子对学习提不起兴趣，甚至感到厌倦时，请妈妈们静下心来想一想：如果让妈妈们每天不断重复地做习题，抄生字，你会感到快乐吗？如果不快乐应该怎么办，有什么更好的办法吗？妈妈不妨多想点"花样"，变着法地吊起孩子学习的"胃口"。比如背英语，如果只是每天对着单词表死记硬背，肯定很烦人，但是如果能换着花样去背诵，孩子就不容易烦躁了。

有一次，妈妈发现小琳在本子上画上不同的水果和花，每一种水果和花朵下面都写上了相应的英语单词。妈妈看了之后不但没有表扬小琳，还大声地责备："该画画的时候就画画，该记单词的时候就记单词，怎么可以一心两用？"其实小琳一心两用，一举两得，有什么不好呢？

很多聪明的孩子都会为自己寻找有趣味的学习方法，妈妈不仅不应该责备，而且应该和孩子们一起探讨更多更有趣的方法。比如，让孩子制作植物标本，做上标注，无形中孩子就会学到很多自然常识，认识很多植物，识读很多汉字，记住很多英语单词。如果妈妈想增加孩子的识字量，不妨给孩子制作一些漂亮的小书，找一些优秀的唐诗让孩子抄写，孩子在上面写字的时候就会格外认真，写出来的字自然也很工整，还可以让孩子在小书的空白处画上想画的图画。这些都会极大地增强孩子的学习兴趣。无论用何种办法，只要孩子感兴趣就好。

总之，妈妈应该让孩子通过不同的方式学习，而不能死记硬背课本上的知识。

方法四：劳逸相结合，学习和游戏相结合

学习，学习，再学习，孩子从早到晚，除了书桌就是饭桌，没有游戏时间，没有娱乐时间。别说是孩子，就是大人也受不了。所以，当孩子进行一天劳累的学习之后，妈妈应该陪孩子一起到外面走走，允许他找小伙伴做做游戏。

小磊的学习成绩原来一直都不错，每次考试都在 90 分左右。妈妈认为小磊只要再努力一下，就可以考得更好。于是，妈妈给小磊加大了学习量。每天放学后，小磊除了完成老师布置的作业，还要完成妈妈安排的学习任务。有一阵儿，电视里正在播放小磊最喜欢的动画片，于是，小磊就很快完成作业，准时坐到电视机前面看动画片。妈妈发现后，就故意多布置了一些作业，免得小磊"偷懒"。结果每到放动画片的时间，小磊就心不在焉，一道题也做不下去。小磊2年级下学期时，考试成绩一落千丈，由90多分降到了70多分，作业也写得越来越潦草。虽然懂事的小磊一直努力尝试让自己的成绩提高上去，但是他一拿起书来就觉得很累很烦，老师的课也听不进去。

再有趣味的事情，一味单调地进行下去，终有一天也会完全失

去兴趣。过度劳累和单一乏味的学习只会让孩子离"好成绩"越来越远。到了孩子娱乐和玩耍的时间，就要让孩子娱乐和玩耍，任何延长学习时间的做法都只会使孩子把学习和游戏对立起来，厌恶学习，对学习失去兴趣。案例中的小磊原本是个很聪明的孩子，是妈妈不顾小磊正常的娱乐需求才让小磊产生了"厌学症"。如果妈妈善于引导，劳逸结合，让他始终保持学习兴趣，而不是着眼于眼前多出的那十分八分的考试成绩，那么小磊的好成绩应该会一直保持下去。

每个孩子都有不同的成长经历，也有不同的兴趣和爱好，甚至不同的时间、不同的环境、不同的情绪也会影响孩子学习兴趣的强弱。比如，周末当孩子惦记去少年宫游泳时，一个平时很爱学习的孩子也会暂时性地对学习产生厌恶情绪。所以，妈妈应该时刻注意孩子的心理动向，在生活中细心观察孩子，琢磨孩子的心理，及时与孩子沟通，适当满足孩子的需求，帮助孩子巩固学习的乐趣，让孩子自发主动地学习。

"你在为谁学习"——让孩子明确自己的学习动机

学习动机是推动孩子进行学习活动的内在原因，是激励、指引他们进行学习的强大动力。形象点说，学习动机就像他们体内一部看不见的发动机。

孩子的学习动机并不是单一的，而是极其复杂的心理活动，包括学习的需要，对学习的必要性的认识及信念，以及学习兴趣、爱好或习惯等。

学习动机一般又分为内部动机和外部动机。

• 内部动机：是基于对学习本身的兴趣而引起的动机。内部动机不需要外界的诱因、惩罚来使行动指向目标，因为行动本身就是一种动力。具有内部动机的孩子能在学习中得到满足。他们积极地参与学习过程，而且能对自己的学业水平有所了解。他们具有好奇心，喜欢挑战，在解决问题时具有独立性。

• 外部动机：即由外部诱因所引起的动机。孩子由外部诱因所引起的动机的满足不在活动之内，而在活动之外，孩子只是对学习所带来的结果感兴趣。比如妈妈对孩子的物质奖励就是外部学习动机。具有外部动机的孩子一旦达到了目的，学习动机便会下降。另一方面，为了达到目标，他们往往采取避免失败的做法，或是选择没有挑战性的任务，或是一旦失败，便一蹶不振。

了解了孩子们学习动机的特点之后，妈妈们就不难理解为什么很多孩子在物质奖励过后学习热情会骤然消失，成绩直线下滑。有的妈妈认为孩子年纪小，跟他讲道理他也不会明白，他能为一颗糖、一个玩具安静地看会儿书就已经不错了。莫以为孩子在1～2年级就只能通过提高外部动机来提高学习成绩，其实1～2年级的孩子也有内在的学习动机，如兴趣、好奇心、成功体验等，都属于内在学习动机。那么该如何帮助孩子明确内在的学习动机呢？

方法一：再小的孩子也有自己的理想，请妈妈尊重孩子的理想

"等我将来成为医生，我要发明一种药物让所有的人都不得病。"这是一个1年级孩子的理想，可是他的学习成绩可能是班上倒数第一。明确理想、职业及未来前途等学习动机，对1～2年级的孩子来说还为时过早，因为他们的理解力还无法把自己现在的努力同自己的未来联系起来，但这并不能影响孩子"规划"自己的未来。

1～2年级的孩子对自己的人生目标还不明确，他们今天想当医生，明天可能就想当歌星。妈妈对此不必耿耿于怀，更不能将自己的职业理想寄托在孩子身上，更不该自作主张为孩子设计职业和未来，强迫孩子建立"学习动机"。

我从小跳舞特别好，因为妈妈不支持，所以我毕业后选择了会计专业。我希望女儿将来能够站在舞台上，实现我未完成的理想。所以，她3岁时我就送她去少年宫学习舞蹈，每次看见女儿在舞台上像天使一样起舞，我的内心就无比激动。

案例中的这位妈妈因为自己的妈妈不支持，所以无法实现做舞蹈演员的愿望，就希望孩子弥补自己的遗憾。那么孩子呢，孩子是否也有自己的愿望？妈妈不支持她，她是否会难过、遗憾，是否长大后再生一个女儿去实现她自己未完成的愿望？

这也是无论妈妈怎样强迫，很多孩子还是不爱学习甚至厌恶学习的真正原因，因为孩子们还没有找到自己的"学习动机"。

有一个1年级的老师给学生布置了一个作业，让他们写自己的"梦想"。一个小女孩写道："我的梦想是长大后当一名拾荒人……"老师狠狠地批评了她。小女孩开始厌学，甚至逃学，到图书馆中借书偷偷阅读。后来，小女孩成为著名的作家。

孩子是天真、纯洁的，他们的理想和喜好没有那么功利和现实，读书动机往往也很单纯，但是，孩子们最终会在读书的乐趣里一步步找到自己的目标，所以妈妈切不可因为孩子读书"境界"不高而责备他。换句话说，孩子在读书时，未必要总想着为"成为什么"而读书，如比尔·盖茨喜欢数学，最终选择的职业却是计算机软件。孩子会在人生的征程中找到自己的强项。而不必由妈妈早早就为他的人生作好定位。

方法二：让孩子的理想尽量明确化，设立近期目标

学习是一个长期坚持的过程，在这个过程中孩子会偶尔松懈。

这时候，妈妈不妨提醒一下孩子的理想，并帮助他订立一些短期目标，让孩子能看得到，摸得到，通过小目标一步步实现大目标。

晶晶6岁，上学的第一天，妈妈在上学的路上问晶晶知不知道上学干什么。

晶晶说："学写字。"

妈妈笑着问："会写字了干什么呀？"

晶晶说："像爸爸一样当作家。"

妈妈说："晶晶的理想真不错，一定要努力呀。"

晶晶喜欢看童话书。上学后，妈妈就让她通过做家务，周末卖报纸等方法攒零花钱为自己买童话书。妈妈还让晶晶自己写童话，写完一本，妈妈给她50元钱。晶晶7岁时，自己出版了一本书，成为了名副其实的小作家。

晶晶的妈妈这些切实的做法可以让孩子知道如何通过努力去实现自己的小理想，而这些小目标会随着孩子年龄的增长变成更大的目标。笼统地让孩子为"将来成为作家"而学习，别说是孩子，就是妈妈自己也不知要从何处下手。所以，对1～2年级的孩子，妈妈不要笼统地说"为了将来成为……而读书"，孩子不理解，也起不到根本作用，一定要指导孩子设立明确的近期目标，一步步引导孩子实现小目标，等孩子一天天长大，他自然会明确自己的学习动机，确立真正属于自己的大理想。

需要说明的是，虽然晶晶小小年纪就成为"小作家"，但并不等于说她长大后就要以"作家"为职业。即使1～2年级的孩子已经在某一方面展露特长，妈妈也不必急于"板上钉钉"，应该让孩子多尝试一些事情，让他在更懂事一些后由自己选择理想和职业。简而言之，1～2年级的孩子不必为"远大理想"而读书，而应该为"小目标"而读书，为了解世界而读书。

方法三：让孩子尽早体验社会

一些妈妈由于文化水平低，或受传统观念的影响，自己平时不注重学习，却一味要求孩子为了"妈妈的苦心"而读书。作为妈妈，不妨检视一下自己是否属于这类女性。如果自己是不爱学习的妈妈，而要孩子为了将来能"考上好大学，学本事，多挣钱"而读书，孩子定然会怀疑妈妈的动机。孩子会疑惑：如果是这样，妈妈为什么不好好学习，爸爸为什么没有好好学习？

有一个叫小文的高考状元，谈到自己的成功经验时说：

我小时候很淘气，刚上学时，成天只会上树掏鸟窝，下河摸鱼。大字不识一个的妈妈也不知道该如何教育我，只能摇头叹气。但我很勤快，经常帮妈妈干活，放学就帮家里放牛、打草。2年级暑假时，有一天，正干着活，妈妈突然意味深长地说："小文，你不能一辈子只会下苦力，只会放牛啊。"我看见妈妈眼眶里隐隐的泪光，心里一紧。从此，我变得懂事多了，知道学习了。

一个没有进过校门的妈妈却教出了一个优秀的孩子，是偶然还是必然？支持小文读书的力量不是别的，是妈妈发自内心无条件的爱。还有妈妈无奈的感叹也让年少的小文从内心真正懂得了"将来"的含义，产生了学习紧迫感。所以，妈妈可以适当地以残酷的"现实"现身说法，让孩子产生学习动机，比如：带孩子去自己的工作单位，让孩子知道什么是"工作"；让孩子自己处理一些事情，解决一些难题，让他明白"能力"的重要性，以及获得这种能力的途径；在孩子面前可以经常讲讲自己在职场上遇到的人和事，让孩子对成人社会有一定的了解（但不能强化消极和丑陋的一面）；鼓励孩子参加学校的竞赛活动，让孩子切实地感受到自己和别人的差距；带孩子接触不同的行业，让孩子知道，每个人都在做不同的工作，这个世界能够正常运转就是由各行各业的人协同劳动完成的。

这些印象会在无形中促使孩子思考自己将来要做什么。

儿子 7 岁，上 2 年级。周末很多同事都带孩子去游乐园、动物园，我却经常带他"串门"，我让他和他的表哥在一起，亲眼见识表哥高考前点灯夜读的情景，让他明白他将来要和表哥一样上高中，我告诉他表哥高考选择了计算机专业，儿子现在也开始琢磨自己将来要学什么专业了。他爸工作的时候我让他在旁边看，他知道爸爸是怎样画图的，知道工人叔叔要照着这些图纸制造出实实在在的东西。去同事和朋友家，我也带上儿子，让他见识不同的家庭。儿子见多了，识广了，成熟了，懂事了，也就懂得了自己每一步要做什么，就不再像以前那样只知道玩了。

方法四：满足孩子的学习欲求，让他明白他是为自己而读书

在 1～2 年级孩子的头脑中，"为谁学习"一直是一个无法"参透"的问题。

在中国妈妈的意识里，孩子是自己的一部分，妈妈辛苦养大孩子，孩子却不懂得用好成绩"回报"，就不是好孩子。"我供你吃，供你穿，是让你给我考个鸭蛋回来吗？""宝贝，爸爸妈妈这么辛苦地工作，都是为了你好，你一定要好好学习。"妈妈一定听过类似的话吧。"我逼你读书？我逼你读书是为了谁，还不是为了你将来有个好前途！"如果作为妈妈，你正在把这种思想灌输给孩子，就请马上停止吧，天真的孩子听到这些话只会感到委屈，感到气愤。

"我还不是为了你好？"这样的话诚然是不错的，但孩子心里也委屈：妈妈怎么知道我没有努力呢？妈妈这么自私，生下我是为了我有出息，让她有面子吗？

小晋是 2 年级的学生，也是学校的大队干部。7 岁的小晋戴着眼镜，文质彬彬的像个"小博士"。无论是语文、数学还是英语，他门门功课都是"优"。妈妈说小晋有今天，完全是昆虫的"功劳"。

　　"小晋上1年级时，有一天，他看到电视上正在播放关于昆虫的节目，就赶紧喊我过来看，一边看一边问我各种问题。我对昆虫也不是很了解，想了想，就决定带小晋到乡下奶奶家，让他见见自然界中真实的昆虫。第二天，我带小晋到奶奶家，由上高中的小叔带着他到野外观察了一天昆虫，晚上回来，浑身是土的小晋一脸的兴奋。

　　"小晋到学校把自己的发现讲给同学听，可是每次同学都有新的疑问，小晋就缠着我帮他寻找答案。我就为小晋买来法布尔的《昆虫记》，本来是想讲给小晋听。没想到，小晋在有很多生字都不认识的情况下，竟然自己连猜带蒙地读了很多页。不到两个月，小晋就能够顺利读完成年人才能够读懂的书。期末考试一下子由十几名窜到第一名，小晋就好像被施了什么魔法一样，一下子成为了'天才'。

　　"我很庆幸自己在孩子对昆虫感兴趣时，及时帮助了孩子。如果当时我一念之差，觉得那不过是小孩子一时兴起，敷衍他一下就过去的话，就没有小晋后来的进步。简单地说，我误打误撞地尊重了孩子的需要，激发了他内在的学习动机。其实，小孩子的能量大得惊人，只不过是我们低估了他们的实力而已。只要让孩子明白，他自己需要什么，他就会痴迷上学习。

　　"现在，只要小晋有什么想法，我就会引导他马上去学习，寻找答案。小晋最近对历史很感兴趣，我就给他买了很多历史方面的书供他阅读。但我从来不要求小晋要记住书里多少内容。有同事问我：'你给孩子看那些成人都看不懂的书，他一个2年级的孩子能看懂吗？'恰恰相反，我认为，正因为孩子似懂非懂，才让他无法停止学习的欲望，他读书不是为了任何人，而是为了他自己，他想了解这个世界，他想了解一切未知的事物。

"很多妈妈总是强行规定孩子学习什么，每天写哪几个生字，做哪几道数学题，哪个笔画写得不符合妈妈的要求，妈妈就会强行要求孩子改正。妈妈这样的要求无异于在告诉孩子：'你在为我读书。'孩子自然对学习产生反感，不甘心地去完成妈妈的任务。这样学习怎么能学好呢？"

当妈妈们尊重了孩子的内在需要，他的学习机能就会被激发出来。这也是有的孩子学什么都很认真，门门功课都能得优的原因，不是因为他天生就比别的孩子聪明，而是这个孩子内在的学习动机很强烈。当产生了为自己的需要而读书的欲望时，不通过妈妈，小晋自己就读懂了成人才能读懂的《昆虫记》，可见，"为自己而读书"的内在驱动力是多么强大。

平时在学习中，妈妈要引导孩子说出自己的想法，适时地问孩子"你想学什么？"，当妈妈尊重了孩子的求知欲，孩子"为自己而读书"的欲望就会被激发出来。需要注意的是，为自己而读书，并不等于让孩子为自己的前途而读书。1～2年级的孩子对前途的认识，从来不及对自己眼下的需要来得清晰、重要。

不"陪"写作业才能让孩子自觉写作业

上小学后，孩子的生活中开始有了一种叫"作业"的东西，而陪写作业就成了许多妈妈的"作业"。于是就出现了这样的情景：孩子写作业时，妈妈搬个凳子坐在旁边盯着，非常形象地"陪"着孩子。即使妈妈很忙也要先了解一下孩子要写什么，不时地过来看看写得怎样。

到底要不要陪同孩子写作业呢？对于这个问题，一位母亲曾经困惑不已：

我儿子已经读小学 2 年级了，可他写作业的速度一直很慢，常常拖到很晚才休息。为此，我只好天天陪着他，督促他加快进度，而且还要帮他检查作业。时间一长我逐渐发现，如果我偶尔没时间陪他，儿子就会不写作业。

有一阵子，我工作很忙，实在抽不出时间来陪他写作业。月底考试，儿子成绩很不理想，数学、语文全都不及格。我说了他两句，没想到儿子就冲我大喊："谁让你没时间陪我写作业！好多题我都不会写，没有人教我！"

我当时就愣了。难道他成绩不好是我的错吗？我像他这么大的时候，父母也没有陪我写过作业，我哪次的作业都是"优"。就算遇到不会的题目，我也找不到人请教，因为父母没怎么上过学。现在的孩子学习条件这么好，就算父母一时不在身边，教不了他，还有字典、工具书，还有电话，可心随时和父母沟通。我不陪他写作业倒成了他学习成绩不好的理由了！

没办法，哪怕再忙，我都要抽出时间来陪儿子写作业。这种情况让我备感疲惫。儿子刚开学两个多月，我已经忙得焦头烂额了，休息不好，工作中时常会出现错误，而儿子的学习也一直没有什么起色，我真的很困惑：我到底该不该陪孩子写作业呢？说句心里话，我并不赞同陪孩子写作业，可不陪着，又怕儿子落后。

经常有一些妈妈抱怨说："那些题我家孩子在家都会做，书也背会了，可到了学校怎么就不会了？"孩子在家都会，到了学校就不会，这就明明白白地告诉妈妈们一个事实："都会"是假的，"模糊""夹生"才是真的。有妈妈在旁边指点着，孩子看似什么都会了，没有妈妈在，孩子失去了"拐棍"，就不知道如何下笔，不知道如何自主思考，这就是原因所在。

一位有着 20 年教育经验的老师认为，对于刚入学的孩子，妈妈"陪"是很有必要的。但是等到孩子进入正轨了，就应该让孩子学会独立，适当放手，试着去培养孩子自觉、独立写作业的能力。

然而遗憾的是，很多妈妈无法放手，担心如果自己不陪，孩子就会偷懒或者偷工减料，还有一些文化水平和学历相对较高的妈妈，总是希望自己能够成为孩子的第二任"老师"，明明孩子已经要求自己思考，妈妈还是坚持在旁边"指手画脚"。

总的来说，陪写作业对于孩子而言，大致会产生以下几种害处：

• 在妈妈面前，孩子会极尽夸大自己的痛苦，以博得妈妈的同情，写作业时拖泥带水，影响学习效率。

• 如果妈妈一直陪写作业，孩子就会觉得作业不是他一个人的事，而是他和妈妈共同的任务，久而久之，便会对妈妈形成依赖心理。

• 多数妈妈陪孩子写作业时，会忍不住要抱怨："赶紧写，怎么又忘了！""快点写，你看看现在都已经几点了！"其实，这些督促、责备在当时对孩子而言，根本没有任何意义，反而会使孩子感到厌烦，匆忙之间更容易出错。

因此，作为妈妈，即使你的时间充裕，也尽量不要陪孩子写作业。即使孩子完成作业的状况不好，你也应在孩子完成后检查时告诉他哪里做得不好，而不要守在孩子身边"现场指挥"。培养孩子独立地完成作业的好习惯，是每一位妈妈必须掌握的本领。若想做到这一点，妈妈在孩子做作业时，应切记以下几点：

方法一：不可代劳

少数妈妈会因害怕孩子太过疲劳，常亲自上阵，替孩子写作业，或者在孩子答案不对时，马上替孩子说出答案或者改正错误。殊不知，妈妈的"代劳"只会让孩子产生依赖心理。因此，想要培养孩子独立完成作业习惯的妈妈赶快停止这种"代劳"吧！

方法二：不可从旁指点

多数妈妈在孩子做作业时，只要发现作业中存在错误，或是在孩子无从下手时，就会马上加以指点。正确的做法是，当孩子做作业遇到难题时，妈妈可以采取分步法，即先给予提示，让孩子独自思考如何做下去，然后再出些类似的题目，帮助孩子加以巩固。

方法三：不可监视

有些妈妈因为害怕孩子做作业时心猿意马，就坐在旁边"监视"。诚然，妈妈们的出发点是好的，心情也可以理解，但事实上，这种"监视"常会使孩子产生紧张情绪，不利于他们的学习。

方法四：不可威胁

有些妈妈在孩子的作业问题上，采取威胁策略，比如，"你写不完作业，就不能出去玩，不可以看动画片"。这种方法虽然能够使孩子短暂"屈服"，但时间一久，则会对孩子的心理造成一定影响，不利于孩子良好习惯的养成。

方法五：切忌物质奖赏

一些妈妈为了让孩子完成作业，会采用物质奖励的方法鼓励孩子。孩子因想得到奖励而写作业，不利于其形成正确的价值观与人生观。

方法六：不可攀比

很多妈妈总是拿自己的孩子与别的孩子做比较，强调别人的作业写得如何如何好。这种做法会打击孩子的自尊心，令孩子产生自卑心理。

方法七：给孩子创设一个安静的环境

孩子学习做功课时，一张自己的书桌是必不可少的。要保证孩子书桌的整洁，书桌上除了必要的学习用品之外，不可以放多余的物品，以免孩子在写作业时分心。现在的孩子可能都会有自己的电脑，电脑最好不要放在孩子的房间。

方法八：和孩子一起制订计划

给孩子制定一个作息时间表，就算是双休日，也要让孩子养成学习、生活有条不紊的好习惯。

方法九：鼓励自查

妈妈应该鼓励孩子自己检查作业，可以让孩子说说错在哪里，为什么会出现差错，这样能帮助孩子吸取教训，避免今后再犯。

自学能力需要妈妈的自然引导

自学能力是一个人所有能力中最重要的一种能力。甚至可以说，人的大部分知识都来自于"自学"。一个人拥有自学能力，就等于拥有一位永远伴随自己的"老师"。

联合国教科文组织出版的《学会生存》一书中指出："未来的'文盲'不再是不识字的人，而是没有学会怎样学习的人。"随着社会的发展，环境的变化，人们需要不断学习，不断适应，以免被淘汰。

社会信息化的结果是使如山似海的知识永远学不完，终身学习要求年轻一代具有自学能力。如果孩子初步具备了自学的能力和科学思维的方法，就犹如在学海中找到了船只，在书山中找到了路径，就可以主动摄取自己所需要的知识。

一个人的自学能力越强，他获得知识的途径就越多，能力就越强。1～2年级的孩子要养成自学的习惯，就是要妈妈教会他们一种方法、一种态度、一种本领。

孩子天生就有自学能力，而且年纪越小，自学能力越强。尤其是孩子对语言的自学能力，成年人都望尘莫及。越早培养就越容易养成自学习惯，1～2年级的孩子已经具备了一定的自控能力，正是培养孩子自学能力的好时机。一些妈妈认为，让孩子自学，就是让孩子自己学会课本上的知识。事实上，生活中的一人一事、一花一草，都可能是孩子自学的"教材"。教会孩子自学，就是教会孩子学习的方法和认真反思的习惯和能力。一个不懂得独立思考的孩子，是无法具有真正的自学能力的。

妈妈们不妨从以下三个方面来做：

方法一：教会孩子使用工具书

1～2年级的孩子已经接触到字典或词典这些工具书了，在孩子学会了拼音和认识了偏旁部首之后，妈妈就可以着手教孩子使用字典等工具书了。让我们来看看朋朋的妈妈是怎样教朋朋使用工具书的吧。

朋朋上小学1年级了，他有一个特点就是爱识字，而且对于阅读也有着很浓厚的兴趣。随着阅读范围越来越广，他在阅读中遇到的问题也越来越多。他经常会叫道："妈妈，这个字我不认识。""妈妈，叶子是怎么进行光合作用的？"每到此时，我都要放下手中的事务，细心为他讲解。

有一天，他问我一个字，恰好我也不认识，我就找来字典，找到了那个字，指给儿子看。朋朋睁着不解的大眼睛问我："妈妈，你是怎么查到的？"这句话让我幡然醒悟：是啊，要是能教会他用工具书该多好啊！于是我耐心地告诉他字典的用法，演示几次以后，朋朋就已经摸到门路了，虽然查得不快，还经常出错，不过我一直在旁边告诉他："不要急，慢慢来。等你学会查字典，你再有不认识的字就不用问妈妈了。"以后，朋朋再有不认识的字，我就不肯告诉他了，让他自己去翻字典。几次之后，我发现儿子再也不来问我生字了，看来他已经学会查字典了。

我们知道，查找字典时，孩子不单单能认识一个字，而且还能学会偏旁部首的用法以及笔数，同时也能学到一些词语，真是一举多得呢！

让孩子学会使用工具书，养成使用工具书的习惯，是孩子自学的前提条件。平时在家中，妈妈应该常备一些工具书，包括字典、百科全书、历史读物等。当孩子对某个问题产生疑问时，让孩子养成到书中寻找答案的习惯。有网络的家庭，还可以在妈妈的监督下，让孩子通过百度等搜索引擎查到资料。

方法二：让孩子学会质疑和提问

自学能力就是理解、分析、组合信息的能力，孩子将接收到的信息与头脑中的原有认识相联系，并纳入认识结构。现在有些孩子在学习中往往为了应付考试而习惯于一味死记硬背书本知识，一些妈妈也习惯于单纯向孩子讲解知识，并让他们按照某种僵硬的程式去做练习。英国哲学家培根说："我们不应该像蚂蚁，只会收集；我们应该像蜜蜂，既采集蜜汁，又进行加工，只有这样，才能酿出香甜的蜜来。"

所以，要想培养孩子的自学能力，就要培养孩子灵活运用知识的能力。平时，妈妈可以引导孩子自己把书本上的内容和通过学习实践所获得的经验结合起来，整理成小结。鼓励孩子发表自己独特的见解，善于与人探讨问题，把自己的学习心得介绍给同学等。

同时，妈妈还要鼓励孩子敢问、善问。孩子的问题越多，好奇心越强，就越想努力寻找答案，而寻找答案的过程就是自学能力养成和建立的过程。

方法三：锻炼孩子解决问题的能力

孩子除了从书本上学到知识之外，更多的是从现实生活中获取其需要的知识。一个孩子越擅长从生活中获取经验，总结归纳，其解决问题的能力就越强。反之，如果一个孩子解决问题的能力越强，说明他的自学能力就越强。

外国的一项科学试验就表明：一个孩子解决问题的能力，常常取决于他的经历和实践，而并不是这个孩子有多聪明。这就要求妈妈在提高孩子解决问题的能力时，不要仅仅依靠说，还要给孩子提供更多实践和体验的机会。对此，妈妈可以有意识地给孩子设置一些困难，让孩子自己解决问题，从而多得到些锻炼。

儿子刚上小学1年级时，特别喜欢问这问那。但我发现孩子有个毛病，就是他习惯于问，却从来不思考。有一次，他问我："妈妈，咱家的房子有多少平方米？"我认为对于一个低年级的孩子来说，就算我告诉他"咱家的房子有85平方米"，他也无法理解这个数字的含义。于是，我让他自己做实验寻找答案，可儿子却说："你就告诉我吧，你告诉我，我就明白了。"我告诉他了，然后我问："你说，你明白了什么？"儿子却支吾着答不上来了。

然后，我找来卷尺，让儿子和我一起，量了所有房间地面的长和宽。然后，我告诉他，客厅的长是5米，宽是4米，客厅的面积就是5米乘以4米，等于20平方米。把每间房子的面积算出来加在一起，就是咱家房子的实际使用面积。儿子虽然才上小学1年级，但九九乘法口诀还是会背的。然后我教儿子如何认尺子上的刻度，让孩子学习用脚步丈量长度。第二天，儿子跑到爷爷奶奶家，用自己的脚步丈量出爷爷奶奶家客厅的大概面积，爷爷奶奶高兴得合不拢嘴，儿子也感觉很骄傲。

有一次，儿子想了解豆芽是怎么生长出来的，我就带他去超市买了绿豆和黄豆，告诉儿子豆芽生长出来需要一定的湿度和温度，并且让他自己生一盘豆芽出来。第一次儿子生的豆芽又瘦又小，很快就变黑了，我告诉他应该是温度太低了。儿子想了想，找了一件自己的小棉衣盖在上面。这次的豆芽长势不错，儿子挺高兴。

从此，我经常引导儿子自己寻找答案，培养他独立解决问题的能力。后来，儿子遇到问题，不但不来向我求救，而且在我主动要求告诉他答案时，他还会生气地说："不要告诉我，让我自己去寻找答案！"

1～2年级的孩子还小，自学能力有限，但并不等于说孩子就没有独立解决问题的能力，在孩子能力许可的范围内，妈妈应该让孩子多动手，多实践，通过实践自己去寻找答案。"授人以鱼，不如授人以渔"，教会孩子解决问题的方法比帮他解决问题更重要。

精神鼓励 vs 物质奖励如何权衡？

在现实生活中，许多妈妈都会通过这样的方式来鼓励孩子："如果你认真做作业的话，妈妈就再给你买个新的书包。""如果你期终考试能进前三名，妈妈就给你买个学习机。"诸如此类都是典型的物质奖励手段。

在某种程度上，物质奖励确实对促进孩子学习有一定帮助，1～2年级的孩子毕竟还小，他们最容易感兴趣的东西就是看得见、摸得着的书包、玩具、巧克力等，为了得到一些物质奖励，孩子产生了学习的积极性，可是物质奖励产生的效力却是短暂的。其实孩子最需要的是精神奖励，一句表扬的话语、一个鼓励的眼神、一个赞许的微笑、一个激情的拥抱，都会让他们兴奋半天。物质奖励并不能产生真正意义上的激励作用，只有精神激励才会让孩子产生长久持续的学习动力。

有一个孩子表达能力差，作文常常文不对题，而且字迹潦草。老师没有批评他，反而用红笔将他写得比较好的语句圈出来，并当着全班同学的面极尽赞美，表扬他写得好，让全班同学都为他喝彩。此后，他每次做作文都绞尽脑汁，争取写得更好，赢得老师及周围人的赞美，可想而知，他的作文越写越好。

这位老师使用精神奖励使孩子受到了极大的鼓舞和鞭策，收到意想不到的效果。1～2年级是孩子自我意识萌发的时期，精神层面的鼓励有时候更胜于物质层面的奖励。这就要求妈妈权衡好精神鼓励与物质奖励这两者的关系。以下两个建议可供参考：

建议一：警惕物质奖励的误区

心理学家德西曾讲述了这样一个寓言：

有一群孩子在一位老人家门前嬉闹，叫声连连。几天过去了，老人难以忍受，于是出来给了每个孩子10美分，对他们说："你们让这儿变得很热闹，我觉得自己年轻了不少，这点钱表示谢意。"孩子们很高兴，第二天孩子们仍然来了，一如既往地嬉闹。老人再出来，给了每个孩子5美分。5美分也还可以吧，孩子仍然兴高采烈地走了。第三天，老人只给了每个孩子2美分，孩子们勃然大怒："一天才2美分，知不知道我们多辛苦！"他们向老人发誓，他们再也不会为他玩了！

在这个寓言中，老人用的方法其实很简单，他就是通过物质奖励的方式来操纵着孩子们的行为。一些妈妈利用物质奖励的做法其实就是德西效应在生活中的表现。在短时间内，用物质奖励的方式确实能够激励孩子的学习积极性，但如果长时间或者总是使用这种方式，不但会丧失激励作用，还会使孩子产生不正确的想法。孩子会把学习同物质奖励联系起来，为一把糖、一件新衣服、几块钱而学习。久而久之，这种不当的奖励机制，不仅不能提高孩子学习的积极性，还可能会使其学习兴趣一点点地消减。

因此，妈妈在给孩子物质奖励时，切记要把握一定的度。妈妈给孩子的物质奖励可以是对学习有帮助的一些东西，比如书本、学习器具等，而那些与学习无关的奖励，就最好不要给，以避免孩子单纯地将物质因素作为自己的学习动力。

建议二：重视精神鼓励的作用

行为科学告诉我们，一个孩子的学习成绩不仅取决于他的学习能力，而且要看他的学习动机被激发的程度。精神激励对激发孩子的学习动机尤为有效。妈妈应根据孩子的生理和心理发展特点，不断创新激励方式。

这是一位妈妈的育女经验：

落落 7 岁前一直都在奶奶身边长大。直到上小学时才回到我身边。然而我发现，由于长期跟奶奶生活，与人交往太少，落落极度缺乏自信，在学校不敢跟同学和老师讲话，学习成绩也不太好，我为此感到非常自责。

有一天，同事上班时在网上订了一个很大的布娃娃，说是为了奖励女儿考试第一名的。我心里想：如果落落也能考第一名，我也抱一个大娃娃在同事面前"显摆"一下多好啊。不过下班的时候我还是到玩具店给落落买了一个布娃娃。落落收到礼物后挺高兴的，但我发现没过多久，布娃娃就孤单地躺在床上。落落似乎对娃娃不感兴趣，于是我不断地给她变换着花样买玩具，买衣服。落落在家里确实变得开心多了，但是一到了学校，自卑、羞怯又重新回到她身上。我能感觉到落落内心的痛苦，但我却没有办法替她改变什么。

有一天，我发现落落放学回来眼睛里有一种特别的光彩，走路一蹦一跳的。第二天送落落到学校时，我顺便跟老师说了落落的情况。原来，昨天落落在美术课上画了一个小兔子，老师夸落落画得好，颜色涂得也大胆。而且昨天语文老师还让落落替他收了作业。我看着女儿脸上难得一见的神采，突然知道女儿需要的是什么了。落落需要的是被认可！

于是，我跟老师讲了我的想法，希望老师以后多派一些任务给落落，多赞美落落的优点。而我也开始重视对落落的精神奖励。通过摸索我发现落落最希望得到的是"信任"，而信任的最好方式就是"参与"。比如，老师让她去做某件事时，她虽然不会在言语上表现出来，心里却非常高兴，认为老师重视自己。我生病时，让落落帮我倒水、拿药，落落在旁边看我把药吃下去有一种成长的满足感。外出购物时，我参考落落的意见，落落会格外珍视自己的权利，从价格到质量，都会考虑进去。我发现以前那个自卑的小女孩其实小脑子里装满了智慧和主见。更令我想不到的是，落落到了2年级时，不但文化课成绩是全班最好的，而且唱歌、跳舞、画画样样都是最棒的！

有的妈妈觉得物质奖励很容易实现，但精神鼓励看不见，摸不着，无法下手。其实精神激励的方法多种多样，包括感情激励、关爱激励、信任激励、兴趣激励、荣誉激励、目标激励和参与激励等。孩子需要的不是单一激励，而是多种激励。他们需要在感情上得到满足，人格上得到尊重和信任，生活上得到照顾，心理上得到关注，行为上得到认可和支持等。这就要求妈妈在生活中和孩子建立一种平等关系，像尊重成人一样尊重孩子的意见，并让孩子参与其中。

精神激励要通过生活细节渗透，无时不在，无处不在，无孔不入，如春风化雨般时刻激励着孩子，而不是在孩子取得成绩后，妈妈才想起来对孩子大加赞赏。对孩子来说，事前的激励比事后激励更有效。

有的妈妈认为精神激励就是告诉孩子"你很棒""你能行"，这当然是片面的。精神鼓励是一种复杂的心理活动，妈妈必须让孩子时刻感受到自己是被"爱"的、被重视的、被信任的。有的妈妈在孩子取得好成绩时就夸奖，成绩不好时就打骂，这就不是精神奖励。精神奖励必须是一如既往的信任，孩子成绩不好时，如果妈妈在言行上仍然表现出"我相信你是优秀的"，对孩子来说，这就是最好的精神鼓励。

总之，妈妈对孩子的奖励，应适应孩子的成长规律。激励的方式方法应该多样化，物质奖励可以作为一个辅助手段，而精神鼓励则要作为主要的方式。科学地权衡这两种奖励机制，才能更好地增进孩子对学习的情感和兴趣，增强孩子学习的动机，从而帮助孩子收获学习的乐趣。

别让错误的家教方式扼杀了孩子的学习兴趣

我从小家教很严，个性比较好强，所以，我一直希望儿子也能够成为一个好强上进的孩子。可是读1年级的儿子的学习成绩总是不够理想，对学习就是不感兴趣，我给他报了最好的学习班，请最好的老师一对一给他辅导，可儿子的成绩还是在班级中游。我好话说了一罗筐，嘴皮子都磨出茧了，他就是听不进去。我为了给他提供更好的教育环境，卖了旧房子，在他学校附近买了一套新楼。他爸爸更是早出晚归地工作赚钱。可是我一把这些说给孩子听，他就特别不耐烦，冲我大喊大叫，还说"宁可有一个乞丐妈妈，也不喜欢有我这样的妈妈"。我这个妈妈怎么了？我这样的妈妈不合格，让他吃糠咽菜倒是幸福了？

案例中的这位妈妈觉得自己已经尽到了义务，错不在自己，而在孩子，果真是这样吗？到底是妈妈不好还是儿子不争气？再看看下面这个案例：

上1年级的小东活泼好动，爱学习，人也非常可爱，因此经常会受到老师的表扬。但是在家里，小东像变了一个人，平时总爱耍脾气，甚至有点习蛮任性，妈妈的话对于他来说就是耳旁风。

有一次，老师在上手工课时说："同学们，你们都已经长大了，有些事情可以自己做了，在家要帮妈妈做些力所能及的家务活。"听了老师的话，小东很懂事地点点头。

吃过晚饭后，小东提出由自己来洗碗。可是妈妈左思右想还是以"万一碗摔碎了怎么办"为由拒绝了他。小东心里很不高兴，冲妈妈大发了一顿脾气。妈妈觉得小东很不懂事，数落了小东一番。

第二天晚上，小东一家到小姨家做客，晚饭后小东又提起洗碗的事，妈妈再次以相同的理由拒绝了他。听了母子俩的对话，小姨劝说道："孩子洗碗是好事啊！够不着水龙头，我给你垫个小凳子，万一碗摔坏了也没关系，小姨再买新的。"小东听了小姨的话高兴地跳了起来，说："谢谢小姨。"接着，小东马上就去洗碗了，而且洗得非常认真、仔细。

上面两个案例，一个是妈妈对孩子要求太严，一个是妈妈对孩子总是不放心，不肯放手。表面上，妈妈都是为了孩子好，实际上，妈妈使用了错误的家教方式，让年幼的孩子产生了反感心理，不愿意服从妈妈的管教。

既然出发点都是爱孩子，那么，就请妈妈找出自己的家教"误区"，使用正确的教育方式来教育孩子，使孩子在健康愉快的环境中长大。

方法一：对号入座，明确自己错误的家教方法

细致分析一下妈妈们在教育孩子时常常出现的问题，大致可以分为以下几种：

★唠叨式

本来是件简单的事情，妈妈们却常常不放心，生怕孩子做不好。孩子一听妈妈唠叨就烦，更不用说听进去了。

★数落式

对孩子挑三拣四，孩子做错事了或成绩下降了，就会数落孩子："你怎么不用功啊？""你怎么不做作业啊？""你怎么只知道玩啊？"

★打骂式

小错骂，大错打，动辄训斥，还不许孩子辩解。

★苛求式

给孩子制订严格的规章制度：每次考试的时候成绩要达到多少分，在班级里的排名要达到多少个名次，等等。

★催促式

"你该做作业了。""你该复习了。"……好像孩子永远不知道自己该做什么。听听孩子是怎么说的吧："我本来准备做作业了，妈妈一催，我反而不想做了。"

★疲劳式

搞题海战术，额外增加学习时间和学习内容，不给孩子游戏的时间。

★包办和陪读式

孩子的学习妈妈都替他操心到，没完没了地辅导，一天到晚陪着孩子学习。

★操心式

处处为孩子操心，事无巨细，孩子的每一个行为都会关注，发生一点小问题，都会大惊小怪。

以上几点是妈妈们经常会犯的教育错误，也是妈妈们需要警惕和改正的错误家教方式。这些错误的家教方式在中国家庭中代代相传，无数的家庭每天都在重复上演着相同的家教情景剧。

当孩子不听话时，当孩子感到委屈、愤怒甚至跟妈妈对着干时，妈妈是否应当检讨一下自己教育孩子的方式是否有问题？难道孩子天生就是一个不听话、爱捣乱的孩子吗？其实，从某种程度上，我们甚至可以说：孩子都是好孩子，而妈妈未必都是好妈妈。

方法二：与孩子互换角色，采用民主型的家教方式

因为对这些错误的家教方式积习已久，让妈妈一下子改变也不是马上就能够做到的。有的妈妈道理虽懂，然而，事到临头，就马上故态复萌，无法控制自己的行为。

有一次，小松老师做家访，了解到小松妈妈对小松家教过于严厉后，就语重心长地对她说："孩子还小，你老是打骂孩子，会给他的心灵造成伤害。有什么话不能好好说呢？"

小松妈妈当时点头称是。果然，有几天，小松再没听到妈妈对自己大喊大叫，也没有打自己。可是一个星期后小松单元考试成绩不理想，妈妈开始还忍着，告诉小松以后要努力，可是，说了几句之后，妈妈突然抬高音调说："我这么辛苦地养你，从上幼儿园你就比别人笨，你说你这样子还能好吗？"

这时，小松爸爸在旁边不耐烦地说："行啦，孩子笨也是你生的，笨也好，聪明也好，就这样子了，你老说他有什么用？"

小松妈妈听了，突然尖声说："我教育孩子有什么错，我为他好有什么错？连你也数落我，他还能听我的吗？"小松吓得在旁边大气也不敢出。

妈妈的性格不改变，恐怕也很难改变对孩子的管教方式，让孩子在错误的家教方式下有所提高也是天方夜谭。其实，要改变家教方式很简单，妈妈在空闲的时候，不妨和孩子变换一下角色，比如：你就是那个考试成绩总是倒数第一的孩子，你心里是什么感受，你想用什么样的方法提高自己的成绩，你想自己的妈妈如何管教自己？想象的时候尽量保持精神集中，让自己完全融入角色。再想象一下：如果用你所希望的情境来教育孩子，孩子会有什么反应？会有进步吗？进步有多快？也许只是一点点微妙的变化，他希望这种微妙的变化被妈妈注意，并且得到赞美……妈妈应多从孩子的角度去考虑，用孩子希望的方法去教育他、帮助他，不要急于求成，不要对孩子期望过高，即使他是一个笨小孩，你也要牵着他的手，一步步地走……直到你把这种情境中的想法变成你的潜意识为止。

总之，科学的家教方式应该是民主型的，即使孩子犯了错误，妈妈也应以就事论事的态度与他沟通，对孩子采用合理的奖励与处罚手段，切不可以打骂、数落、翻旧账、"损"孩子等方式进行教育。

第六章 | 巧妙引导，好的学习方法让孩子出类拔萃

　　孩子的潜能就像一颗种子，只要有适宜的条件就会生根、发芽、结果。学习方法是桥，是帮助孩子走向学业成功的捷径，妈妈要注意引导孩子用更有效的学习方法去学习，培养孩子良好的学习习惯，这样，才能在孩子的教育上起到事半功倍的效果。

性格不同的孩子，学习方法也不同

　　什么是性格？性格是一个人非智力心理品质的核心，是一个人对其生活现实（包括对人、对事、对自我）表现出的稳定态度和习惯性的行为方式，也是一个人区别于另一个人的独特的心理特征。每个孩子都有特定的性格，有一些区别于他人的特点。有些是好的、积极向上的，比如好奇心、求趣心、好胜心、自信心；而有些是不利于孩子发展的，比如任性、孤僻、吵闹等。

　　妈妈要引导孩子根据其独特的兴趣、能力、素质和性格特点，

制定学习方案，因材施教。世界上没有任何一种好的学习方法可以广泛适用于每个人，因为学习方法是因人而异的。不同性格的人有不同的学习方法。因此，妈妈在学习方法的指导上也应当是不同的。要想孩子有效地获得知识，就要充分了解孩子的个性特点，根据孩子的个性，摸索出一套适合孩子自己的学习方法。

我们暂且将孩子的性格分为外向型和内向型两种，针对这两种不同性格的孩子，妈妈在学习方法的指导上应该做到哪些，应该如何努力，下面给出了一些建议，这些建议是可以对号入座的。

对于外向型性格的孩子，在学习方法的指导上，妈妈应该注意以下几点：

建议一：加强计划

外向型性格的孩子学习往往缺乏计划性，无论干什么，大多从兴趣和感情出发，即使制订了学习计划也难以切实执行。因此，作为妈妈，应要求这种性格的孩子给自己制订一个详细的学习计划，并严格按照学习计划所规定的进度去做。

建议二：好学深思

性格外向的孩子，好胜心比较强，考试成绩不好的时候不会斤斤计较、郁郁寡欢。在学习上，这类孩子从来都不会隐瞒自己的观点，只要遇到问题，就会主动提问请教，即使在众人面前也能大胆提问。

不过，外向型孩子情绪变化较大，注意力往往无法集中，同时缺乏意志力。这样的孩子在学习上常常囫囵吞枣，还没听明白老师说的是什么，就认为"明白了"，导致他们在学习的时候不能对问题做到深追细问。因为过于自信，他们常常认为自己领会得快，因此对待问题经常是浅尝辄止、不求甚解，即便是向别人请教也不是很认真。因此，妈妈在教育外向型孩子的时候，有必要培养他好学深思的习惯。

建议三：认真纠错

性格外向的孩子不在乎分数的高低和评语的好坏，对试卷和作业中的错误也不愿认真改正。因此，妈妈应该帮助孩子养成认真纠错的习惯，只有把错误认真地改正过来，才能避免"重蹈覆辙"。比如：妈妈可以让孩子做错答笔记，就是把答错的题和不会做的题都清楚地记在笔记本里，并经常翻看。

对于内向型性格的孩子，妈妈在学习方法的指导上则要注意以下两点：

建议一：帮助孩子调节心情

性格内向的孩子，其情绪很容易受到影响。举个例子：当他们的学习成绩未达到预期目标，或者几次考试都没考好的时候，他们的情绪波动往往很大。因此，在孩子考试成绩很不理想而情绪低落时，妈妈不要加以训斥，而应多鼓励、安慰孩子，让孩子从坏情绪的泥潭中走出来，以免因此而影响孩子以后的学习热情和学习效率。

建议二：给孩子一个安静的空间

性格内向的孩子往往不愿意参加集体学习，喜欢找个安静的场所，独自进行学习。因此，妈妈应当给孩子一个安静的空间。

那么，你的孩子是什么样的性格？请根据孩子不同的性格来指导他的学习吧！

如何让孩子将玩与学相结合

提到"玩"字，似乎许多妈妈都不会认同。对于绝大多数的妈妈来讲，似乎只有管好孩子的学习才是天经地义的事，因为学业的成绩影响孩子的出路。但是，在这里我们要说：玩是更好的学习，孩子只有玩好了长大后才能更好地适应社会。我们来看这样一个很有趣的研究：

心理学家故意把一部分小猴子放到别的笼中，不让它们跟其他猴子一起嬉戏耍乐、你追我逐。而这些失去游戏机会的猴子长大后就变得十分木讷，有些甚至丧失了求偶及生小猴的本能。

同样的道理，玩耍也是孩子进入社会之前的演习，没有演习，掌握再多的理论知识也无法上战场。对孩子来说，玩和学习同样重要，作为妈妈，就要安排好孩子玩耍和学习的时间，让孩子玩得痛快，学得开心。

由于"望子成龙"心切，从儿子入学那天起，我就严格看管他学习。那一阵子我就像着了魔一样，儿子一放学，我就让他写作业。刚吃完饭，我就让他做习题，一点玩的时间都不给他。儿子在客厅里刚迈开步，我就立刻喊："赶紧回屋看书去！"儿子一脸的不情愿，但看到我那一副没有商量余地的架式，只好悻悻地回到书桌旁。开始儿子还不情愿，时间一久似乎也习惯了。2年级时，儿子的视力突然下降，坐在教室前排也看不清黑板上的字。我带儿子到医院看眼睛时，医生说："平时注意点，这么小的孩子，你这做家长的像备战高考似的逼他学习、看书，哪一天眼睛看不见了，身体累垮了，我看你还让孩子看什么、学什么！"

带儿子从医院出来，我还满腹的委屈，心想：孩子生在这个时代真难，不学吧，就落后于人；学吧，小小年纪就得了近视。快到家时，我看见一群男孩在广场上奔跑，快乐得像一群猴子。儿子被我牵着一边走一边回头偷看。我心头一紧：儿子才7岁呀，正应该是那群男孩中的一员，我为什么要逼他不停地学习，为什么要剥夺他游戏的权利？我一推儿子，"儿子，去玩吧！"我看见儿子脸上露出欣喜的笑容，稍微迟疑一下就向那群孩子跑过去……

游戏是孩子的天性和本能。孩子越小，就越需要游戏，低年级孩子的知识大部分是从玩耍中得到的，玩是孩子心智走向成熟的必经之路。为了能玩得起来，孩子需要建立和遵守各种规则；为了玩得更好，孩子会开动脑筋，争取更多的胜利。在玩的过程中，孩子经历了各种情绪体验，完成重要的情感发育过程；在玩的过程中，孩子慢慢形成了对人、事、物的应对模式，学会了处理人际关系。妈妈强行把孩子的这些天性和本能去掉，会给孩子带来无法挽回的伤害。

话说回来，1～2年级的孩子小，自控力不强，一旦玩起来就忘了时间和学习，往往假期结束了，心还收不回来。所以，妈妈的任务就是要帮助孩子正确处理好玩与学的关系。

方法一：给孩子制订详细计划

孩子既要玩，也要学习，但因为年龄小，他可能无法控制自己，这时候妈妈就要帮助孩子认清玩与学的关系，跟孩子讲道理，该玩的时候就玩，但该学习的时候一定要学习。为了能够将这个计划执行下去，妈妈可以和孩子一起制订一个玩与学的具体计划。如果因为玩而影响了学习，孩子就应该按照计划，接受相应的惩罚。但妈妈也不要随便剥夺孩子玩的时间，如果孩子的作业任务比较重，失去了玩的时间，妈妈应该和孩子一起检查一下，减少一些学习任务，千万不要认为学习比游戏更重要，而随意剥夺孩子玩的权利。

方法二：给孩子安排出去玩的活动

有些妈妈只允许孩子在家看动画片，玩益智游戏，这些是不够的。孩子玩的内容要丰富，要有益于孩子的身心健康。比如：早上可以陪孩子到公园里跑步、打球，放学后可以陪孩子跳绳、踢毽子等；妈妈还可以陪孩子到附近的公园、山上走一走，让他自由自在地跑上一阵；或者让孩子到楼下和小伙伴一起玩耍，尤其是不爱走出家门的孩子，妈妈一定要引导他多交朋友，多和小朋友一起游戏；放长假时，妈妈可以带孩子到外地旅行。在玩的时候妈妈要切记，尽量不要和孩子提学习的事情，以免使孩子产生心理压力。

方法三：指导孩子正确地玩

1～2年级的孩子虽然爱玩，但常常不会玩。举个例子：他们想玩电脑，但如果没有妈妈的指导，他们可能就不知道怎么玩。这时候妈妈完全可以做个"军师"，引导孩子玩好电脑。对于玩的概念，妈妈可以放宽界限，比如指导孩子搞搞科学小发明、小制作，还可以指导孩子搞调查、养殖等，这些也都是玩。这样做的好处是能让孩子把玩与学适当地结合起来，十分有利于孩子的学习与健康发展。

总而言之，孩子不是学习的机器，脑子有一定的弹性限度。研究表明：人如果能够劳逸结合，则其学习效率与时间成正比；如果脑子超常运动，疲劳轰炸，则学习效率与时间成反比。因此，妈妈一定要帮孩子处理好玩与学的关系。学习之余，玩一玩不仅可以让孩子放松身心，使脑子得到积极的休息，更有利于孩子下一步的学习，而且对孩子的身体发育也是有益且必需的。

教孩子学会科学用脑

根据大脑的生理特征，科学地进行工作及学习活动，防止大脑疲劳，就是我们通常所说的科学用脑。只有学会科学用脑，孩子才能提高学习效率。1～2年级刚入学的孩子们更是如此。

下面就介绍一些如何帮助孩子科学用脑的方法，供妈妈参考：

方法一：给孩子提供充足的营养

孩子入小学后，就进入了紧张的学习阶段，这样就会消耗大量的营养物质，如果孩子的大脑得不到有效的营养补充，就会受到损害。

保证大脑神经细胞的正常代谢需要丰富的蛋白质、维生素和矿物质。因此，妈妈要多给孩子提供适宜的动植物蛋白质，如肉类、鱼类、禽类、豆制品等；为了补充维生素和果糖，还要让孩子进食适宜的新鲜蔬菜、水果。

★鱼类

鱼类食品是益智健脑的首选。鱼肉中含有大量优等的蛋白质、钙和维生素 A。这些都是促进神经细胞生长所必需的营养元素。更重要的是大多数鱼类含有的 DHA（俗称"脑白金"）是大脑中不可缺少的高度不饱和脂肪酸，能促进脑神经传导和突触的生长发育，对增强记忆与思维能力、提高智力等有非常显著的作用。

★肉食类

肉食类中应该多食用猪脑和鸡肉。猪脑中富含蛋白质和脂肪，另含硫胺素、核黄素、抗坏血酸和大量的胆固醇等成分，具有益脑功效。同时，猪脑中含有丰富的矿物质，有很好的健脑功能。鸡肉中的蛋白质对大脑也很有好处。

★主食类

主食类中可定期食用玉米、小米。玉米中含有的谷氨酸成分较高，能促进脑细胞代谢。玉米胚芽中富含的亚油酸等多种不饱和脂肪酸能够保护脑血管，常吃些玉米具有健脑作用。小米中富含色氨酸和蛋氨酸这两种蛋白质，对大脑的保键有很好的促进作用。

★水果类

可以让孩子多吃橘子、香蕉、菠萝、杏和葡萄等。

橘子含有大量的维生素 A、B_1、C，属于碱性食物，可消除酸性食物对神经系统造成的危害，对健脑益智大有帮助。

香蕉含有丰富的矿物质，特别是钾的含量较高，有预防神经疲劳之功效，同时香蕉可向大脑提供酪氨酸，这种物质可使人精力充沛，注意力集中，提高人的创造力和记忆力。

菠萝中富含维生素 C 和锰，对提高记忆力有帮助。

杏富含维生素 C 和维生素 A，能够改善大脑的血液循环。

葡萄含有丰富的维生素 C、维生素 A 以及 B 族维生素，对提高记忆力有帮助。

★蔬菜类

蔬菜类中可多吃菠菜、胡萝卜、卷心菜和大蒜等。

菠菜是脑细胞代谢的优良营养品。由于菠菜中含有丰富的维生素 A，维生素 C 和维生素 B_1、B_2，被称为脑细胞代谢的最佳供给者。此外，菠菜含有大量的叶绿素，具有健脑益智的作用。

胡萝卜富含多种维生素、无机盐和钙质，营养丰富，有"小人参"之称。其所含维生素 A 含量尤其高，为健脑佳品。

卷心菜能够帮助清洁血液中的不洁成分，促进脑部血液循环，它所富含的 B 族维生素还可以预防记忆疲劳。

大蒜和维生素 B_1 在人体内可以产生一种叫蒜胺的物质，可促进葡萄糖转变为大脑能量。

★其他

常吃坚果，如花生、核桃和芝麻等。此外，牛奶、鸡蛋、豆制品和菌类也是孩子每天必不可少的食物。

花生富含卵磷脂，是神经系统所需要的重要物质，能延缓脑功能衰退。实验证明，经常食用花生可改善血液循环，增强记忆。

核桃的不饱和脂肪酸含量很高，还含有大量的维生素，能够消除大脑疲劳。

芝麻富含不饱和脂肪酸，能使脑的结构物质完善，增强记忆力。

钙是脑代谢不可缺少的重要物质，牛奶含钙量丰富并且容易被人吸收。此外，它还含有对神经细胞十分有益的维生素 B_1 和多种大脑必需的氨基酸。

鸡蛋被营养学家称为完全蛋白质模式，人体吸收率为 99.7%，特别是蛋黄中含有蛋黄素、蛋钙等脑细胞所必需的营养物质，可增强大脑活力和记忆力。

大豆和豆类制品中含有丰富的蛋白质和多种人体必需的氨基酸，能够增加脑细胞活动，具有健脑的作用。

菌类食品的健脑作用也很显著。黑木耳含有脑磷脂、卵磷脂、鞘磷脂、麦角甾醇等，对脑神经的生长发育有良好的滋养作用。香菇含有蛋白质、氨基酸、脂肪、粗纤维、B 族维生素、维生素 C、烟酸、钙、磷、铁等成分，还含有香菇素、胆碱、亚油酸、香菇多糖及 30 多种酶，这些营养成分对脑功能的正常发挥有重要的促进作用。

方法二：保证孩子充足的睡眠

美国加利福尼亚州旧金山分校的研究人员在实验室中对幼猫的大脑进行研究发现，它们在发育的重要时期，睡眠具有促进大脑内部各部分相互联接的作用。测试人员将幼猫分为两组，即睡眠组和不睡眠组，结果显示，前一组大脑内部发生变化的平均数量是后一组的两倍。

法国科学家曾经进行过一项调查，调查显示：每天睡眠时间少于 8 小时的孩子，61%功课较差，39%勉强达到平均分数线，而样本中每晚睡眠达 10 小时的孩子，76％成绩中等，11％成绩优良，只有 13％功课较差。这足以证明孩子的学习成绩受睡眠时间的影响。因此，妈妈应安排好孩子的睡眠时间，使孩子睡得好、睡得足，不要让他"开夜车"，以免影响其大脑休息。

现实生活中，还有很多妈妈任意延长孩子的学习时间，减少他们的睡眠时间，希望以此来提高学习成绩。正在这样做或者正打算这样做的妈妈要注意了，保证孩子大脑的健康发育比让他考 100 分更重要，对孩子的未来学习更有好处。我们来看一位妈妈的教训：

儿子进入 2 年级后，我对他的学习抓得更紧了。儿子每天除了要完成学校的作业，还要做完我布置的习题，完成了作业才能出去玩。后来我发现儿子越来越不爱写作业，常常磨蹭到晚上 10 点多也写不完。儿子晚上睡得晚，早上就起不来，我狠着心把他从被窝里揪出来，胡乱套上衣服，就拉着他出门。有时候到了学校门口儿子还一副没有睡醒的样子。后来老师反映儿子经常在课堂上打盹。

通过跟儿子沟通，我才知道其实我让儿子写的那些题目他都会了，可是我还偏让他做，他实在做不下去，越不想做就越累，越累就越想拖。我仔细想了想，两个月来，我给儿子加大任务量，儿子学习成绩不但没提高，反而下降了很多，可见加大学习量并不是提高成绩的好办法。于是我取消了那些额外作业，儿子的作息时间正常了，成绩也逐渐上去了。

由此可见，睡眠对孩子的重要性。因此，妈妈要特别注意督促孩子，必须保证每天 8～9 小时的睡眠时间，就是在节假日里也不例外。具体而言，建议小学生晚 9 点上床入睡，早 6 点起床，中午午睡 1 小时。

方法三：引导孩子科学利用大脑黄金时段

心理学研究发现，一天当中，人的大脑有四个"黄金时段"，妈妈应该了解大脑学习的这四个黄金时段，以便使孩子在学习上取得事半功倍的效果。

★第一黄金时段：6：00～7：00

这段时间，血压升高，心跳加快，体温上升，肾上腺皮质激素分泌开始增加，此时机体已经苏醒，想睡也睡不安稳了，此时是第一次最佳记忆时期。7点钟左右，肾上腺皮质激素的分泌进入高潮，体温上升，血液加速流动，免疫功能加强，因为大脑经过了一夜的休息，正处于工作效率的高峰，利用这一段时间学习一些难记但是又必须记住的东西比较适宜。

★第二黄金时段：8：00～10：00

这段时间，人体完全进入兴奋状态，肝脏已将身体内的毒素排尽，大脑记忆力很强，此时是第二次最佳记忆时期。9点左右，神经兴奋性提高，记忆仍保持最佳状态，疾病感染率降低，对痛觉最不敏感。此时心脏的功能最好，精力旺盛。10点钟，人的积极性上升，热情将持续到午饭时间，是人体的第一次最佳状态。此时是内向性格的人创造力最旺盛的时刻，任何工作都能胜任，千万不要虚度。一句话，上午8：00～10：00这一时段，肾上腺等激素分泌旺盛，精力充沛，大脑具有严谨而周密的思考能力，识记能力和处理能力较强，是攻克难题的好时机。

★第三黄金时段：18：00～20：00

18点钟，可以利用这段时间来回顾、复习当天学过的东西，以加深印象。这也是整理笔记的黄金时机。此时痛感重新下降，人的体力活动和耐力达到一天中的最高峰，运动的愿望上升。运动员此时应更加努力训练，即可取得好的运动和训练成绩。

★第四黄金时段：21：00入睡

这段时间为一天中最佳的记忆时间。研究发现，此时也是记忆力最佳时期，具有很高的效率。利用这段时间来加深记忆印象，特别对一些难以记忆的东西加以复习，最容易记牢，不易遗忘。

方法四：指导孩子将不同的学习内容错开进行

孩子在进行学习时，不同的学习内容，会在大脑皮层的不同区域形成兴奋点。例如：学习算术，可在大脑皮层的某区域形成一个兴奋点；学习英文，则在大脑皮层的另一区域形成一个兴奋点。因此，倘若长时间学习同一内容，必然会使大脑皮层某一区域的神经细胞负荷加重，如果能把不同的学习内容交错开来进行学习，则可以使大脑皮层不同区域的神经细胞轮流工作，获得充分的休息，以更好地学习。

方法五：不要让孩子长时间地连续使用大脑

有人做了这样一个实验：

将一批学生分为两组，要求两组学生学习相同的内容，其中一组学生在学习中间可以获得 5 分钟的休息时间，而另一组学生连续学习，不给休息。

研究结果显示：可休息的一组学生的记忆力要平均比无休息的一组学生的记忆力高出 22%。

而心理学研究发现："儿童如果连续用脑 30 分钟，血糖浓度在 120 毫克以上，这时大脑反应快，记忆力强；如果连续用脑 90 分钟，血糖浓度降至 80 毫克左右，大脑的功能尚正常；如果连续用脑 120 分钟，血糖浓度降至 60 毫克左右，则反应迟钝，思维能力较差；如果连续用脑 210 分钟，血糖浓度就会降至 50 毫克左右，这时会出现头昏、头痛状况，大脑还会暂时失去工作能力。"因此，妈妈要注意不要让孩子长时间地连续使用大脑。

培养孩子良好的课堂习惯

　　良好的课堂习惯是孩子上好每一节课的关键，也是孩子学习知识、培养能力、发展智力的重要条件。如果一个孩子对课前预习不重视，上课不认真听讲，又不会记笔记等等，即使有再好的老师、再优越的条件，也不会有好的成绩出现。养成良好的课堂习惯，孩子就会将课堂学习的被动化为主动，学习效率大大提高，自然会学出好成绩。另外，对于1～2年级的学生来说，养成良好的课堂学习习惯，对于以后的学习生活具有十分重要的意义。因此，培养孩子良好的课堂习惯是妈妈的一项重要任务。那么，如何培养孩子良好的课堂习惯呢？妈妈要从以下三个方面下工夫：

　　建议一：教孩子学会预习

　　在上课前做好充分的准备，才能提高课堂学习质量。作为妈妈理应督促孩子，帮助他养成课前预习的习惯。

　　不要认为预习是可有可无的，要深刻认识到预习的重要作用。预习有助于自学能力的培养，提高阅读理解能力，为学习课文打好基础。对于1～2年级的孩子而言，科学合理的预习方法是这样要求的：

　　• 把课文读熟，至少读5遍；

　　• 画出生字、词；

　　• 标出自然段序号；

　　• 自学生字；

　　• 课堂教学中加强对预习知识的回顾、巩固。

建议二：教会孩子认真听讲

认真听讲是孩子提高学习成绩的关键。不过，让正上1～2年级的孩子做到认真听讲，确实有一些难度。妈妈不要误认为，孩子不认真听讲仅仅是年纪小，或者好动的原因。这多半是因为孩子无法集中注意力造成的。要提高孩子的注意力，妈妈要做到以下几点：

• 给孩子提供一个舒适的学习环境。

• 充分发现他的闪光点，对任何积极行为要给予充分肯定。

• 避免经常使用表现否定态度的语句，如"不许""不""你怎么这样"等；多对孩子使用肯定句，比如不要把"你去超市买一条红色的毛巾"说成"你去超市买红色的毛巾，是红色，不是蓝色，也不是粉色，记住了吗"，一定要给孩子提供明确清晰的目标。

• 教孩子新知识时，要有耐心，解释要简短、清楚，要经常重复你的要求。

• 要求孩子一次只做一件事，避免影响孩子集中注意力。如果一次安排三四件事，就要事先要求孩子先干什么，然后干什么，最后干什么。妈妈在一旁观察孩子是否完全理解了要求。这种方法有助于锻炼孩子系统地记忆事物的能力。

• 要求孩子在课堂上尽可能减少课桌上与本课无关的学习用具。

建议三：引导孩子在课堂上积极发言

1～2年级正是孩子爱表现自己的时候，但为什么有的孩子在课堂上喜欢发言，敢于大声地说出自己的答案，有的孩子却总是害怕自己说错，不敢回答老师的问题，有些平时很开朗的孩子到了课堂上也变得很沉默呢？主要原因有两个：一是孩子性格内向，害羞，不敢在同学面前表达自己的意见；二是孩子不会独立思考。这种孩子做有标准答案的题目会做得很快，一旦老师问一些需要独立思考的问题就会不知所措。

要解决这个问题，需要老师和妈妈共同努力。在学校，老师可以多叫孩子回答课堂问题，在家里，妈妈要多鼓励、引导孩子发表对某事的看法，不要怕说错，多表扬少说教。这样，慢慢就会提高孩子的积极性，增强孩子的自信心。

一位妈妈这样讲述自己的教子经历：

儿子上小学 2 年级，学习成绩还是不错的，但就是不敢在课堂上发言。跟儿子沟通时，儿子说其实好多问题他都会，他可以回答得比其他同学都好，可是他就怕老师叫到自己，一被叫到心里就突突地跳，害怕自己不小心说错了在同学面前没面子。

儿子对此也有话说："反正我又不是不会，每次老师提问时，我都在心里默默回答了。我都会，干嘛一定要说出来？"我告诉儿子："光心里会还不行，还要学会表达出来，'茶壶里煮饺子倒不出来'将来到社会上也会吃亏。没有哪个人永远是正确的，说错了也没有关系，只要是你真实的想法就好。每个人都有权利表达自己的看法。"

接下来，我开始有意识地锻炼儿子。在家里，我想办法创设一些情景鼓励他大声发表自己的意见。我还经常和儿子一起看一些辩论赛，就辩论内容和儿子一起交流。有时候说着说着，儿子就跟我争论起来了，争得面红耳赤也不肯服输，我嘴上说着，其实心里在偷着乐呢。慢慢地，孩子在课堂上敢积极举手了，而且回答问题时的声音也大了。

好的课堂习惯是一种约束孩子学习的规范，有了良好的课堂习惯，孩子才会将所有精力集中到课堂上，充分利用课堂的四十五分钟，达到最高的学习效率。

我检查完了——让孩子学会细心检查，不马虎

　　如今，妈妈帮孩子检查作业的现象很普遍，孩子做完作业后，本子一放，笔一扔，草草了事，自己根本不检查，他们会认为"反正错了也没关系，一会儿妈妈还给检查呢"，如果妈妈叫孩子自己检查，孩子也是应付了事。面对这种情况，不少妈妈采用"头痛医头，脚痛医脚"的办法，帮孩子直接订正，不会做的直接教他做，这样的结果可能是累坏自己，又害了孩子。时间一久，孩子学习的依赖性就会不断增加，同时失去独立思考能力。

　　所以，妈妈应当认识到帮孩子检查作业的危害，适时地教给孩子独立检查作业的方法，循序渐进地提高他做作业的效率。以下是几点建议，供妈妈参考：

建议一：和孩子一起检查作业要注意引导

　　孩子刚上学时，妈妈可以和孩子一起检查作业，但在检查作业时，妈妈如发现孩子作业有漏掉的，不要直接告诉他少写了哪道题，而应让他自己对照检查，找出问题后再补上。对于出现的错别字，妈妈也不要直接给他指出来，而应该让孩子自己对照教科书检查，如果孩子查不出来，则可缩小范围，再让他去查找。

　　此外，把检查作业的目标缩小，孩子检查作业的积极性就会增加。如果 10 道题中有 3 道题是错的，妈妈让孩子检查，他可能感觉有难度，积极性也不高。如果把目标缩小，如圈出 3 道题，告诉孩子这里面有一道题是错的，这时孩子主动寻找错误的积极性和订正错误的准确率就会提高。如此这般，妈妈可再圈出 3～4 道题，告诉孩子其中有一道是错的，以此类推。

建议二：适时地教给孩子独立检查作业的方法

经过一段时间妈妈和自己一起检查作业，孩子有了一定的基础，这时，妈妈就可以教给孩子以下几种独立检查作业的方法：

★重做法。

这种方法就是做错之后再重新做一遍，如果结果不一致，就要对两次做法加以对比，找出哪里出错了，同时还要分析造成错误的原因是什么，在此基础上加以改正并牢牢记住。

★正向检查法。

写完作业之后从头到尾检查一遍，检查时要明确是否看清楚了题目，是否理解了题意，运用的概念、公式是否正确，计算有没有错误，格式、书写是否符合要求等。

★反向检查法。

就是反过来检查一遍，从答案处往回推理检查，用相反的计算方式来验算，比如加法用减法验算、乘法用除法验算等。

一旦孩子熟练掌握了各种检查方法，妈妈就要对孩子放手，由他自己来检查作业。孩子在自己检查作业的过程中得到"自己能找到错误和订正"的趣味，学习的自信心就会不断建立。所以，作为妈妈该放手时就要放手，不要总对孩子不放心，记住：让孩子能承担学习的责任远比他有一些学习上的错误重要得多。

建议三：给孩子准备一本错题集

不少妈妈觉得，孩子作业做错了，帮助他解决了问题他就不会犯错了。其实不然，可能当时孩子能记住，但要不了多久可能就忘记了。这也是孩子一错再错、屡改屡错、成绩上不去的原因。为了不让孩子再犯同样的错误，最有效的方法就是给孩子准备一本错题集，让孩子把平时做错的题目分门别类地摘抄在这个错题集上，同时可以把错题分成"题目抄错""计算错误""概念混淆""审题不细"等若干类别。有的孩子也会主动给自己准备错题集，但坚持不了多久就放弃了，孩子难免会对错题集反感，这时候妈妈应该和孩子讲道理："如果你在做每一道题时都认认真真，一遍做对，争取不马虎、不错题，就可以避免这样的'麻烦'了。"

建议四：提醒孩子做作业时注意细节尽量避免错误

很多孩子打草稿时字迹潦草，正式抄写时就可能因为看不清草稿上的字而写错。因此，妈妈们要教导孩子打草稿也应该认认真真。即使不要求一笔一画十分工整，但最起码应该做到：标明题号，按顺序打草稿；字距应尽量舒畅，避免太拥挤；不少数字写得潦草的话很容易混淆，导致差之毫厘，谬以千里，一个数字的变化就会让整道题出错，因此阿拉伯数字、数学符号尤其要写清楚，不能模棱两可。这样，如果出现了问题，就可以从草稿查起，及时更正。

另外，妈妈还可以要求孩子放慢写作业的速度，做一道题检查一道题，确信没有错误再做下一道题。

手、心、眼、口——引导孩子多种感官并用获取知识

研究发现：学习同一内容，如果只用视觉，可接收 20%；如果只用听觉，可接收 15%；如果视听并用，可接收 50%。这就说明学习时使用多种感觉器官共同参与，学习效率就可明显提高。

从古到今，学者们都高度重视眼看、耳听、口念、手写、脑思等多种感官协同作用的学习方法。我国古代教育著作《学记》中就有："学无当于五官，五官不得不治"的说法，意思是：学习时，

五官不参与活动，学习的效果就不会好。孩子在学习时，调用的感官越多，大脑参与工作的部位就越多，学习的效果就越好。

有位实验者曾做过这样一个实验：

让三组孩子记 10 张画的内容。对于第一组的孩子，只告诉他们画上画了些什么，并不给他们看画；第二组的孩子正好相反，只给他们看画，不给他们讲画上画了些什么；第三组孩子不但给他们讲画上的内容，还同时给他们看那些画。过了一段时间，实验者分别问这三组孩子记住了多少画的内容，结果第一组记住的最少，第二组稍多，记住了 70%，第三组记住的最多，达到了 86%。

由此可见，两种感觉器官并用，记忆效果比只用其中一种好得多。

女儿上小学 2 年级了，她的成绩尽管不错，但是英语口语却很差，单词常常是背了忘，忘了背。照着书，她能够勉强说出英文句子的意思，可是我让她脱离书本，用英语和我交流的时候，她就既听不懂，也不会说。其实我用的都是她学过的句子同她对话。

于是我想：女儿的英语水平有必要及早提高了，但是光靠学校是不行的，而我的英文水平有限，简单的交流还行，再复杂一点就不行了。于是，我通过朋友找到了一个业余时间做外教的美国留学生，让他来辅导女儿学习英语。我给女儿规定每星期一、三、五晚上，用一个小时去和外教练习英语会话，鼓励孩子多开口说。几个月下来，女儿的口语水平还真提高了不少。女儿的口语水平提高了，能听会说了，我发现她记起单词来比以前快多了，而且背过了就不会忘，很快就能熟练运用到自己的口语对话中。

可见，只有动用多种感官，孩子才能有效获取更多的学习信息，提高学习效果。比如，孩子在认生字时，让孩子一边用眼睛仔细观察生字的字形笔画，一边用嘴大声清晰地读出来，然后动手写下来，做到手、眼、心、口并用，就不容易忘记。

具体而言，妈妈要注意从以下几个方面训练孩子运用多种感官学习的能力：

一、用心

用心讲究的是积累、体会和感悟。想要让孩子学会用心，妈妈就要教育孩子在课堂上应聚精会神，一刻也不能懈怠，大脑要始终处于积极状态，思维要活跃，思路要开阔，心要随着老师走，争取听懂老师的每一句话，要抓住每一个环节，理解每一个知识点，多联想，多思考，做到心领神会。

二、用手

常言说："好脑筋不如烂笔头。"老师讲的知识可能在课堂上记住了，可是过了一段时间，就会忘记，所以，妈妈要提醒孩子做好课堂笔记。

学英语时，妈妈要告诉孩子把学到的每一个单词、词组以及句型结构，都记在笔记本上，也可以视情况是记在书的空白处或字里行间，以便以后的复习巩固。

三、用眼

1～2年级的孩子年龄小，注意力集中时间往往较短，而且因为认字有限，在朗读的时候常常会结结巴巴，很不顺畅。课文即使读了几遍，孩子的理解仍很有限，没有深入细致的品读，只有囫囵吞枣似的"唱读"。为了避免这种情况，妈妈要积极培养孩子良好的读书习惯，使孩子会用眼睛盯书认字读文，嘴巴读到哪里眼睛就看到哪里，感官上保持一致。还应该让孩子养成在认真听讲的同时双眼紧随老师，观察老师的动作、口形、表情、板书、绘图、教具展示等的习惯。如此，孩子的大脑里形成的视觉信息和听觉信息才能有效结合，对学习内容才能有深刻的印象。

四、用嘴

在低年级学生当中，有一部分学生在初入小学阶段不会读书，没有放声朗读的意识和习惯，面对课本也只是走马观花似的看，有的孩子甚至看过去后连课本最基础的内容都说不上来。这种学习的方式对孩子很不利，尤其是语言课的学习。

语文和英语都属于语言课，而且又是非常重要的两门课。想学好语言课，就必须要张嘴动口。孩子读书不出声，有可能是害羞不敢张嘴，也有可能是其他原因，但是不管怎样，妈妈要特别注意这一点：多让孩子动嘴。

五、心到，眼到，口到

有的孩子在读书时，手里捧着书，眼睛盯在书上，心却不知道飘到哪里了。宋代学者朱熹曾经提出，读书要做到"三到"："心到，眼到，口到。"心不在课本上，则看书不仔细，心眼不专一，读书也只限于浏览，孩子好像是在学习，实际上却没记住多少。

平时在家里听孩子读课文的时候，妈妈可以给他提这样的要求：眼睛看的时候要大声朗读课文，要字字响亮，不读错字，不少字，不多字。能够把课文读到这个程度时，不用监督，孩子的心一定在这篇课文上。

总之，学习就要聚精会神，而做到这一点，就要动用多个感官同时用功，只有这样才能有效地在短时间内获取更多的知识。

学习计划——指导孩子学会规划学习内容

孩子在学习时，应按照合理而科学的学习计划进行学习，对自己提出要求。比如，在多长时间内完成学习任务，是否掌握了所学的知识，这样不仅能激发孩子的学习积极性，而且能节省学习时间。而毫无时间要求的学习，往往是所用的时间多，学习效果差。有这样一个实验：

实验者要求学生对 50 个英语单词进行学习，先让 20 位学生来学，没有时间限制，所用的时间以学生记住学会为标准。结果平均用了 38 分钟，最长的用了 1 小时 15 分钟。其中 3 人获得满分，其余的都有错误。然后，让另外 38 个学生学习同样的单词，但时间限制在 20 分钟内，其中有 26 位同学获得满分。实验结果表明，限时学习计划使学生用时少，效果好。

可见，有计划地学习可以使学习效率大大提高。一份好的学习计划可以使孩子更集中精力学习，而且可以定期查看学习成果，知道自己的学习进度。1～2 年级的孩子还没有足够的能力去制订一份切实可行的学习计划，所以作为妈妈就要引导孩子学会规划自己的学习，制订一份合理的学习计划。

建议一：计划要全面

学习计划并非只考虑学习的具体安排。为了保证孩子学习任务的完成，计划内还应当包括生活方面的内容。

有的妈妈引导孩子制订学习计划时只考虑三件事，即吃饭、睡觉和学习，而对其他活动一概不予考虑。学习生活变得单调、乏味，既影响孩子的学习效果，也影响孩子的身心健康。

因此，除了学习以外，计划还要涉及身体锻炼、睡眠、文化娱乐等内容，这样孩子才能保持旺盛的精力，全面发展，从而使学习生活丰富多彩、生动有趣。

建议二：根据孩子的实际情况制订计划，要做到切实可行

一位妈妈这样分享自己成功的教育经验：

女儿今年上 2 年级，平时学习很认真，但就是偏科。她喜欢英语，语文成绩也不错，但不喜欢学数学。她的英语成绩在班里名列前茅，数学成绩却属于中下等，导致她的整体成绩上不去。每天女儿回家后我都重点给她补数学，让她多做数学题，女儿也很认真地学了，可是一个月过去了，成绩仍然不够理想。

后来，我仔细分析了女儿的试卷和作业，发现她数学成绩不好，主要是她对应用题的理解能力弱。找出了原因，我就和女儿商量，将数学学习计划的短期目标定为提高对数学应用题题目的理解能力，争取把中等难度的应用题练会、做熟。

从课本上相对容易的应用题例题开始，女儿每天做完作业的时候我都会挑几道题让她做。在女儿做题的时候，我让她先把题目大声读几遍，确定自己完全明白题意后，才开始下笔做。同时我和她的数学老师取得了联系，让数学老师专门给她"量身定做"了一些题目。这样坚持了几个月后，我发现女儿的数学成绩上升很明显，而且她对数学也产生了兴趣。

所以，妈妈要找准孩子学习中的弱项，根据孩子的实际情况安排学习任务。像上例中的妈妈那样，女儿的应用题解题能力差，就针对应用题方面的问题安排计划。而有的妈妈可能规定孩子每天写多少汉字，做几道数学题，没有针对性，显然达不到如此的学习效果。总之，妈妈只有了解并掌握孩子的实际情况，有针对性地引导孩子制订出切实可行的学习计划，才能真正地帮到孩子，达到提高学习成绩的目的。

建议三：及时评估、调整学习计划

人们常说计划赶不上变化，孩子的学习情况也是不断变化的，所以，妈妈在引导孩子自己制订学习计划时，要定时评估孩子的学习情况，并让孩子对自己的学习计划作适时的调整，以适应某一阶段学习的实际情况。

读2年级的小昕语文成绩一直不好，特别是字词听写方面非常差。针对这种情况，妈妈为他制订了相应的学习计划：规定小昕每天放学后第一件事就是将当天课堂作业中出错的字词每个重新写一行。为了督促他，妈妈对小昕"形影不离"，以监督小昕完成学习计划。但是一段时间后，效果并不明显，小昕的字词记忆能力依然很差。这让妈妈很是不解：为什么这么费劲地执行计划，却没有效果？

最后在老师的点拨下妈妈才发现，虽然小昕每天都很认真地抄写字词，但并不知道自己抄的是什么，结果导致错误没有得以纠正，以前学过的东西反倒忘了。在老师的指点下，妈妈立即帮助小昕调整了原来的学习计划：首先降低原来的标准，从认字开始，即在默写之前要先认得这个字，认得之后再默记，默记完了再读一遍，之后由妈妈听写，听写后，筛出仍然不会的，继续认读、练习。为了避免小昕反感，妈妈建议他每天练习都不超过30分钟。就这样坚持了一段时间之后，小昕的字词记忆能力果然提高了。

上述案例中的妈妈在发现孩子原定的计划不能奏效时，及时对孩子的学习作了评估，在评估中找出原因，进而帮孩子对学习计划作适时的调整，才收到了很好的学习效果，这无疑是值得我们借鉴的。

建议四：长、短计划相结合

妈妈首先要帮助孩子制订一个长远计划，比如一学期的计划，再根据长远计划制订详尽的短期计划，比如本周的学习计划、每天的学习计划，对每周要干什么、每天要干什么等作出合理安排。

短期计划并不是固定不变的，要根据孩子的实际情况和完成效果随时调整。比如预计用两周时间学会的知识孩子可能用一周就学完了，也可能延迟完成。妈妈要随时注意孩子的学习动向，尽量按照计划走，不要拖延，毕竟很多计划半途而废往往就是因为拖延造成的。

总之，妈妈要有意识地引导孩子养成自己制订计划的好习惯，从而提高学习效率。

第三部分

Chapter

1～2年级，妈妈不可忽视的非智力因素

第七章 | 1～2 年级养成的好习惯改变孩子的一生

通过分析很多孩子的成长之路，我们发现：孩子拥有一个什么样的未来，智力上的差异并非决定因素，孩子是否拥有好个性、好习惯，才是至关重要的。例如，勤奋好学、积极进取、认真仔细等很多好习惯，往往可以让孩子受益一生。

习惯一：知道自己该做什么

许多妈妈都喜欢听话的孩子，因为孩子听话、乖巧可以让妈妈省心。但如果孩子表现得过于顺从，凡事没有主见，总是模仿别人，这样的话就不是好现象了，这对孩子今后个性的健康发展是十分不利的。因此，妈妈要引导孩子知道自己该做什么，而不是一味地顺从或人云亦云。

一位聪明的妈妈是这样做的：

儿子已经上 2 年级了，学习一直很努力，成绩也不错。但是我发现，儿子有时候没有什么主见。我觉得这主要是由于儿子上学提前了一年，年纪比同龄的儿子要小，其他同学都把他当成小弟弟看待，老师因为看儿子身材瘦小，也有意无意地照顾一下他。渐渐地，儿子就变得没有什么主见了。儿子经常会说，"小军说如何如何"、"老师说如何如何"，而且在生活上也表现得很没有主见。我观察他和其他小朋友一起出去玩，他好像从来没有什么建议和意见，只是跟在其他同学的身后转。我觉得这样对儿子将来的发展非常不利，于是，我决定给儿子上一课。

一次星期天，我故意装着很忙的样子对儿子说："儿子，妈妈好忙，能帮我去买点下午招待客人的零食吗？"看得出，儿子有点胆怯，怯生生地问："好啊，但是买什么呢？"

我笑着说："买什么都行，你看着办吧！"说着我给了儿子一些钱。

过了一会儿，儿子提着满满一大包零食回来了。虽然儿子买的不是很合理，但是我仍然很高兴地对儿子说："哎呀，真棒，看看，不需要别人帮忙，你一样能做好吧！"

以后，我经常让儿子独立处理一些事情，不管儿子处理得好坏，都先给予他鼓励，然后和他一起分析他哪些地方处理得好，哪些地方处理得不好。这样坚持了半年左右，儿子逐渐变得有主见了。

一个人只有时刻知道自己该做的事情，有自己的思想，才能显示出特立独行、与众不同的个性，才不至于使个性的光辉淹没在芸芸众生中。

从上述案例中的妈妈对自己孩子的教育方式来看，在1～2年级这个孩子能力发展和性格特征形成的时期，妈妈应格外关注和细心引导，积极培养孩子的独立性和自主性，让孩子明白自己要做的事情，只有这样才能让孩子更好地认识自己，不会随波逐流。

那么，怎样转变孩子的从众心理，帮助他成为一个有主见的孩子，让他明白自己要干什么呢？

方法一：倾听并尊重孩子的意见，尽量让孩子自己作决定

1～2年级的孩子已经初步具备了独立的意识，应当有自己的看法和认识，作为妈妈就应该给孩子创造机会让他自己拿主意。养成自己拿主意的习惯，孩子就会提醒自己该干什么，而不会随波逐流了。

学校要组织一个乐器队，有钢琴、小提琴、长号等多种乐器，学生可以自由报名选择。小寒对家人说过后，奶奶说："我和小寒的爸爸都认为小寒可以选择弹钢琴，会弹钢琴是一件了不起的事情。"

妈妈说，还是应该听听小寒自己的想法。

"他才多大，自己肯定作不好决定。"奶奶不以为然地说。

但是奶奶还是问了一下小寒的意见："小寒，学校要组织乐器队，你想学哪一个？钢琴好不好？弹钢琴又轻松又有气质！"

"我想学萨克斯。"小寒想了想说。

"萨克斯？萨克斯多累呀，还是钢琴吧，钢琴多神气！"

"不，我感觉我喜欢萨克斯，我也能学好。"

妈妈在一旁偷偷笑了。事事有自己的主见并敢于决断，这正是自己日常教导孩子的结果。其实在小寒稍稍懂事的时候，小寒的妈妈就有意识地培养小寒这方面的能力，在那些涉及小寒自己的事情，如早上喝牛奶还是豆浆、上幼儿园和哪个小朋友一起走、周末的安排等，都要听取小寒的意见。在小寒大一些的时候，妈妈更是在更多的方面让小寒自己作决断，如让小寒列出冰箱里该采购的食物，尝试让小寒列一下晚餐的菜谱，也会让他去评价发生在周围的一些事情。

所以，妈妈笃定奶奶的"钢琴梦"在小寒那里行不通了。果然，最终小寒说服了奶奶，为自己争取到了学习萨克斯的机会。

对孩子决断力的培养，更多是对孩子独立自主意识的培养，而且这种培养通常体现在日常生活的小事中。妈妈必须给孩子一定的自主决定的权利，即使是很小的一件小事，如果让孩子自己决定，不仅会让孩子获得极大的满足感，更会锻炼孩子的决断能力。

妈妈们应该经常使用这些话语："你来决定这件事。""你觉得应该怎样做呢？""如果你认为这样是正确的，那么就去做吧！""这是你的选择，希望你能坚持。"

方法二：鼓励孩子进行尝试，教孩子树立信心

有时候，决策者对一些问题难以作出最后决定是因为不相信自己，缺乏信心。信心的缺乏，让孩子们犹豫不决。因此妈妈要多给孩子打气，鼓励孩子勇敢地去尝试和做决定。

有的孩子是因为无法认识到自己的潜力和能力，导致对自己不能够认可而无法作出决定，也有的孩子是因为害怕作出决定后会出现不好的后果而变得犹豫不决。对于前者，妈妈要给孩子打气，要以肯定的语言评价孩子各方面的表现，比如"这件事，你干得真漂亮"，"你这样做很对"等。对于后者，妈妈可以不断丰富孩子的知识，从各方面提高他的能力；要创造条件，使孩子有充分表现自己的机会；对孩子做的事情要给予充分的肯定，增强他对自己的认识，让他相信自己的力量。

方法三：引导孩子作出正确的决定

孩子作出的决定有时候可能是盲目和冲动的，这也是大部分妈妈总是迫不及待地替孩子做主的原因。她们怕孩子作出错误的决定，而一次又一次地干涉孩子的决定。殊不知，这种粗暴干涉甚至

是包办代替，会使孩子产生挫败感，甚至会激起孩子的反抗。因此，正确的做法应该是妈妈以一个建议者的身份进入到决策之中，当看见孩子的决策有偏差的时候，妈妈要耐心为孩子分析原因，权衡利弊，并且提前告知孩子可能发生的后果，强化孩子的风险意识。在孩子权衡比较作出决定后，让孩子作一定的保证，这样很有可能将孩子偏差的决定调整过来，又可以让孩子做好心理准备，应对可能出现的问题和挫折。

方法四：教孩子正确面对并处理由于决断不利而带来的后果

谁也无法保证决断最终带来的结果一定是良好的，尤其是孩子的决断。因此，妈妈必须要教会孩子正确面对决断之后发生的种种不利情况，告诉孩子一些决断可能带来成功，这时他需要的是更加小心谨慎地作下一步的决断，同时要告诉孩子有些决断是可能带来失败的。而让孩子承担自己决断所带来的失败后果是更加重要的。妈妈首先要注意安慰孩子，不能落井下石，同时要积极为孩子提供帮助，协助孩子采取补救措施，重要的是让孩子从中吸取经验和教训。

很多孩子本来在有过失败的决断经验之后，很难提起勇气再次进行决断，这时候妈妈不应该收回让孩子自己做主的权利，而是要继续鼓励孩子进行决断，这样才能真正促进孩子成长。

习惯二：控制电视和电脑的使用

五彩斑斓的动画片和新鲜、刺激的电脑游戏对于1～2年级的孩子来说都具备超强的吸引力。一些妈妈认为，如果不让孩子接触电视和电脑，可能使孩子与时代脱节；可是放任孩子玩的话，铺天盖地的电视节目和暴力游戏都会成为孩子成长的杀手。让不让孩子用电脑、到底如何教育和引导孩子学习和使用电脑，也成为让许多妈妈头疼的问题。

有一位妈妈就有这样的烦恼：

虽然儿子今年才 6 岁，但他已经是个不折不扣的"电脑迷"了，玩电脑成了他的习惯——哪天只要不玩电脑，他就会发脾气。更让人惊讶的是，汉字都不认得几个的他玩起英文游戏来却畅通无阻。儿子的聪明让我这个做妈妈的很是欣慰，但对于他对电脑痴迷的这个坏毛病，我却不知道怎么引导他了。

一份关于妈妈监管孩子玩电脑的调查显示：接近一半的妈妈不在意或很少在意自己的孩子是否在玩电脑游戏，其中有 1/4 的妈妈不关心孩子是否玩电脑，1/5 的妈妈虽知道孩子玩电脑游戏，但不知道孩子到底在干什么。

通过这份调查可以看出，孩子爱玩电脑与妈妈的教育方式有很大关系。那么，作为妈妈，该怎样处理好孩子与电视、电脑之间的关系呢？又有哪些措施可以避免电视、电脑对孩子造成的危害呢？在此提供一些相关的方法，希望可以帮助 1～2 年级的孩子健康成长。

方法一：防患于未然

心理学家指出，孩子看电视、玩电脑游戏极易失控，随着兴趣与刺激的加强，常常会身不由己，欲罢不能，所以妈妈的管理一定要走在孩子的前面，在孩子未上瘾之前，就要做好工作，讲清道理，加强管理，防患于未然。

方法二：与孩子商定时间

已经入学的孩子，学习任务会加重，所以妈妈要跟孩子商定看电视或者上网的时间，并严格遵守，比如孩子一天看电视的时间或者上网的时间不得超过两个小时。当然，时间的规定应和孩子认真地协商，然后定一个规则，定了规则之后就不能够违反，一定要说话算话。同时规则中要说明，如果孩子违反了规定，要接受相应的惩罚，比如只要超过了规定的时间，那就以两天不能看电视，或者一个星期不能上网为惩罚措施。慢慢地，孩子懂得为自己负责，一定会遵守规定，做到说话算话。

方法三：切勿骄纵孩子

许多妈妈说，不让孩子看电视或者玩电脑，孩子就往往以哭闹来对付，听着孩子的哭声，许多妈妈就开始"束手无策"了。对此，妈妈们绝对不可以骄纵孩子，可以采取暂时冷落孩子的方法。孩子因为看不上电视或玩不了电脑吵闹，首先要不理，如果孩子任性，就要严肃地警告他。

方法四：在内容上替孩子把关

看电视或者玩电脑对孩子的成长也有其积极的一面，关键就在于妈妈会不会加以选择。

不少电视节目都是专门为孩子准备的儿童节目或教育节目，适当看看这类节目对孩子的成长和学习很有帮助，但是看电视的时间应该控制在 1 小时左右。在看电视的时候，有的妈妈会放任孩子，这对孩子是不利的，妈妈不要让孩子想看什么就看什么，以免孩子受到不适合他们看的节目的消极影响。

1～2 年级的孩子最适合看儿童文学（如一些儿童文学的名著、童话改编的故事片、动画片）和知识性的节目（比如对孩子也很有好处的大自然探险，各种知识类、科幻类的节目）。孩子看这些电视节目，有益于其身心健康的发展。总之，妈妈为孩子选择一些高质量的电视节目，是引导孩子科学使用电视的明智态度。

网络对孩子的危害最为突出的有三点：沉迷网络游戏、网络交友不慎和不良信息的毒害。1～2年级的孩子还很小，价值观、人生观都未形成，抵御诱惑的能力较差，很容易受到诱惑，受到不良因素的影响，从而导致出现各种成长问题。但需要注意的是，妈妈们不要因噎废食，完全杜绝孩子使用电脑，毕竟现代社会是一个信息化的社会，使用电脑、网络是一项很重要的社会技能。只靠封堵是封堵不住的，正确的做法是：妈妈要引导孩子正确使用电脑，平时花点时间和孩子一起用电脑上网，在这个过程中，注意孩子的上网习惯及不良动向，及时纠正不良倾向。同时，妈妈要让孩子知道网络的好处，教会孩子利用电脑做有意义的事情。比如孩子有什么问题不懂问妈妈的时候，妈妈就可以与孩子一起上网查找答案，在这个过程中，孩子既增长了知识，同时又掌握了利用网络自我学习的本领。大多数孩子都喜欢看动画片，这时妈妈也可以告诉孩子很多动画片都是由电脑制作的，可以教孩子一些常用的动画软件，甚至可以和孩子一起制作一些简单的动画，激发孩子的创新意识。在上网的这个过程中，既能让孩子发现电脑的巨大用处，同时也能够将孩子的兴趣引向有益的方向。

习惯三：立刻行动，丢掉拖沓、磨蹭

1～2年级的一些孩子做事情有拖沓、磨蹭的习惯，往往把今天的事情拖到明天去，而不是立即行动，并且还会千方百计地找理由来安慰自己。他们尚不知晓，一个人要想成功，就必须抓住每一分、每一秒，不让每天虚度。向往明天、等待明天而放弃今天的人，就等于失去了明天，结果一定是一事无成，而"立即行动，丢掉拖沓、磨蹭"就是让孩子学会把握今天的秘诀。

作为妈妈就一定要让孩子学会抓紧每一小块时间行动，不要坐等大块时间出现，要让他知道，也许要做许多事情，抽不出完整的时间，但总会有零散的时间可以提供给行动的机会，不要等万事俱备才行动，要养成立刻行动、不拖沓、不磨蹭的良好习惯。

孩子磨蹭拖拉，一般表现为做事、做作业心不在焉，一会儿要喝水，一会儿要去厕所，一会儿又吃零食，诸如此类，大量时间被磨蹭掉了。也有的孩子坐下来想学习，又觉得该歇一会儿，这样歇一会儿，玩一会儿，胡思乱想一会儿，一个小时便过去了，一想还剩下几分钟就到睡觉时间了，今天就这样算了，明天再抓紧吧，而第二天又磨磨蹭蹭，拖拖拉拉，昨天的毛病再次重复。

小乐是一个小学 1 年级的孩子，可是在家，小乐是个让人心急的"小磨蹭"，他做起事来总是慢吞吞的。不管是吃饭、穿衣，还是画画儿、写字、做游戏，没有不拖拉的。他的作业永远不能按时做完，还常常忘掉该做的事情。每当需要为某事做好准备时——上学、上床、洗澡、去亲戚家，如果妈妈不冲他大叫"现在，现在就做"，他是绝不会准备好的。

对此，小乐的妈妈甚至怀疑自己的孩子天生脑袋笨，反应迟钝，还曾特意带着他向教育专家请教。

其实像小乐这样做事情磨蹭的孩子很多，也是让很多妈妈感到无可奈何的一个难题。那么，想要有效地纠正孩子的这种坏习惯，作为妈妈首先就要知道拖沓、磨蹭只是一个习惯，而并不是一个人的个性特征，也不是性格缺陷。拖沓、磨蹭是可以被妈妈们彻底矫正的。

要改变孩子喜欢磨蹭、拖拉的现状，妈妈就应该去深入地了解造成孩子做事拖沓、磨蹭的原因所在。造成孩子这种习惯的原因通常有以下几种：一种是孩子"手笨"，也就是做事情时，动作不熟练，造成这种状况的原因主要是孩子的神经、肌肉系统不够协调，同时缺乏一定的生活技能，所以做事情比较缓慢。另一种就是孩子的时间观念差，做事情缺乏紧迫感，也就是常说的"慢性子"。孩子的时间观念通常要到 5 岁左右才开始正式建立，大约在 8 岁以后才逐渐稳定，孩子正确时间观念的形成需要妈妈适时培养。

那么如何才能有效地纠正孩子磨蹭、拖拉的坏习惯，帮他树立正确的时间观念呢？妈妈们不妨从以下这几个方面着手：

方法一：给孩子找一个学习的榜样

孩子们在成长的过程中一般都很喜欢与榜样做对比，因此，妈妈要充分利用这一点，在现实生活中给孩子找一个学习的榜样。当然，这种标杆式的榜样可以是一些英雄人物，也可以是周围的优秀的孩子。在平时的教育中，一定要拿出榜样，告诉孩子：榜样人物就是因为有时间观念，办事不拖拉、不磨蹭，才会得到大家的喜爱。经常以榜样的事迹来教育孩子，会对纠正孩子的拖拉毛病起到很大的作用。

方法二：可以尝试一下做游戏的方法

有时候利用一些有趣的小游戏可以有效地帮助孩子丢掉拖沓、磨蹭的毛病。比如，和孩子比赛拣黄豆。放一盆大米在桌上，里面掺些黄豆，爸爸和孩子比赛谁拣得快而准，妈妈在一旁数数，数到 50 时，双方停止。经常做这类游戏，不仅可以锻炼孩子做事时神经的充分兴奋和精神的高度集中，还可培养孩子做事高效的习惯。

方法三：要有适当的惩戒

当孩子做事磨磨蹭蹭时，不少妈妈最常用的方法就是批评，实际上，批评的方法可能一时有效，但一味地批评教育有时可能就会失效了。相反，妈妈可以改变策略，将孩子磨蹭造成的后果告诉孩子，当结果发生之后对孩子进行适当的惩罚。这会让孩子明白，做事磨蹭的习惯造成的后果也会很严重，也会受到一定的"惩罚"。这对改正孩子磨蹭的坏习惯有一定的帮助。

对于自己磨蹭的习惯，孩子们总是能找出各种各样的理由，比如因为身体不舒服、笔坏了等。对于孩子的种种借口，妈妈务必首先帮助孩子清除这些阻碍孩子行动的理由。举个例子：如果决定让孩子当天的作业当天完成，那就不要在乎晚上是否停电会影响到写作业，是否有其他诱人的事情，是否午间没休息好，等等。同时要让孩子学会善于化整为零，知道什么事情是现在要做的，什么事情是下一步要做的。如果孩子能够明确立即做什么，行动的开始就比较容易了。

请告诉孩子，再不要把今天的事放到明天去做，要培养起立即行动的好习惯，丢掉拖沓与磨蹭！

习惯四：善于创造

有时1～2年级的孩子所表现出来的创造力经常让人惊奇赞叹，但有些妈妈却认为创造力只是个别孩子的天赋，并非普通孩子也能拥有的。可只要妈妈们细心观察一下自己身边的孩子，就会发现，其实创造无时无刻不在人们的生活中产生。

有个孩子问爸爸："开电风扇有风，能使人凉快，你为什么不把窗关上？关上窗风跑不出去不就更凉快了吗？"那位父亲给孩子讲明电风扇吹风与气温和关窗与否的关系，接着问孩子："风有什么作用？"孩子的想法很多：把树叶刮掉、吹火做饭、放到屋里使人凉快……

真是一位睿智的父亲！通常人们习惯于一个问题应有一个明确

的、合乎常理的答案，而创造性的特点则要求思维不依常规、寻求变异、有多种答案的思维形式，即发散思维。这位父亲一方面接纳了孩子创造性的提问，并给孩子以科学的回答，更重要的是鼓励孩子对问题提出更多的答案。尽管孩子的回答看似可笑，但这种教育方式对培养发散性思维、开发创造力却有好处。

正如教育家弗莱德尔·梅纳德所说："创造力正是一种冲动，每个孩子、每个人，都渴望与人交流自己的思想、感情、能力，时时想展示自己。"因此，我们可以看出，在孩子的日常生活中时时处处蕴涵着这种契机，关键是妈妈们能否意识并及时、适当地把握它。

具体来说，创造力的培养可以通过以下几个途径来进行：

方法一：在绘画、音乐中发展孩子的创造力

绘画是最易诱发孩子的想象力，也是最为孩子所能接受和喜欢的一种形象表现形式。孩子的画技虽然不高，但却能表达自己的思维活动。对孩子的画，不需要追求画得多么"像"，而应鼓励他"想"得越多越好。

如在纸上画出许多圆，让孩子想象添画，看圆能"变"成什么？孩子可能会从单一的一个太阳、一个皮球……想到用圆组合出一只熊猫、一束气球、一群小鸡等有情节的画面。

另外还可播放不同旋律、不同情感的音乐，让孩子根据音乐的表现画出自己对乐曲的理解。对孩子的画，妈妈不要先做鉴赏家，而要先做想象力的评论家，不要着眼于孩子能否成为一个画家，而要先看孩子的想象力是否得到了充分的发挥。

方法二：引导孩子续编故事或创造儿歌

编故事或儿歌是一种创造力的更高表现形式。故事作为一种形象的语言艺术，深受孩子喜爱。为发展孩子的创造性、想象力，讲故事时，可以启发诱导孩子续编故事结尾，经常来一个"且听下回分解"，如后来又发生了什么事？他怎么样了……引导孩子展开想象，从多角度续编。

方法三：鼓励孩子在劳动和游戏中多动手

正如陶行知所言："创造教育，非但要教，并且要学要做。要手和脑一块儿干。"在家庭中，妈妈要鼓励和要求孩子多动手。从小要求孩子"自己的事情自己做"，做力所能及的家务，并通过玩积木、捏泥人、做纸工、拆装简单机械等孩子感兴趣的活动来培养孩子的动手能力。孩子在游戏中模仿成人的多种活动，凭借想象扮演多种角色，表现多种生活情境，自己动手解决游戏中遇到的困难和问题，如用积木搭娃娃床、用杯子当锅给娃娃做饭、用圆环做方向盘开汽车、用纸撕成条做面条等，与小伙伴共同商议分配角色、安排活动。

方法四：通过一些开发孩子右脑的活动来发展创造力

人的大脑分为左右两个半球，并具有不同的功能。左半球是处理语言，进行抽象思维、聚合思维、分析思维的中枢；而右半球则是处理表象，进行具体形象思维、发散思维、直觉思维的中枢。有关专家认为，右半球与人类的创造性活动有密切联系，因为在创造过程中有重要作用的想象、直觉、整体综合等等都是右脑的机能。

开发孩子的右脑是在各种活动和游戏中进行的。妈妈应注意引导孩子多用左手、左脚活动，进行左视野训练和左耳听力训练。例如：让儿童左手拍球、绘画、抓握物体、剪纸片、传递物品等，用左脚单腿跳、踢球、踢毽子等等。

方法五：利用游戏激发孩子的创新意识

孩子都很喜欢游戏。游戏可以说是孩子创造性的实践活动。孩子如果在游戏活动中是主导者，往往会积极地进行独立思考，主动地探索和创造，依靠自己的想象力，使自己的活动进行得更生动、更有趣。在游戏活动中，角色之间要进行交谈、对话，交流思想、情感，所以游戏能有效地促进孩子创新性思维的发展。

创造力是孩子成长的生长点，保护创造力就是善待孩子的生命。做妈妈的一定要保护孩子的创造力，发展孩子的创造力！

习惯五：用尊重换得尊重

我们经常可以看到一些1～2年级的孩子不懂得尊重别人，以自我为中心，总认为自己受别人的尊重是理所当然的，总是以为旁人友好的语调是虚情假意，总是以为叛逆地做着自认为很有个性的事才是个性和另类……因此，他们出现了以下一些行为：

• 无论外出或归家，他们从不记得与父母及长辈打声招呼；

• 上课时，他们毫不介意地东张西望，窃窃私语，乱搞小动作；

• 在公共场合时，他们旁若无人地随地吐痰，乱扔废弃物；

• 和同学打招呼时，他们总会"喂，喂……"地喊个不停；

• 喜欢胡乱给他人起绰号，并以揭别人的伤疤为乐；

• 和朋友交谈时，因为观点不同，他们或是不耐烦地打断对方的谈话，或是争论不休，甚至进行人身攻击；

• 当看见沿街乞讨的落难者或辛劳奔波的民工时，他们往往会嗤之以鼻，避之不及……

如此行为，不仅会严重伤害他人的自尊，同时也将为孩子自身完美品格的塑造设下障碍，严重影响人际关系，使他们在以后的学习、生活、工作的道路上处处碰壁。

妈妈一定要让孩子明白：要让别人尊重你，你首先就要尊重他人。"如果你握紧一双拳头来见我，"美国前总统威尔逊说，"我想，我可以保证，我的拳头会握得比你更紧。但是如果你来找我说，我们坐下，好好商量，看看彼此意见相异的原因是什么，我们就会发觉，彼此的距离并没有那么大。"所以，妈妈应从小教会孩子尊重他人，这样才能获得别人的尊重。

方法一：从小树立妈妈的权威，让孩子尊重妈妈

孩子不懂得尊重别人，妈妈应负有很大责任——很多妈妈在带孩子的时候就没有教会孩子如何尊重他人，甚至没教会孩子如何尊重妈妈。

一个周末的下午，爸爸带志强去参加一个老同学的聚会。整个下午，这个7岁的孩子都让爸爸劳神费力。当爸爸和老同学们聊天时，志强不断嚷着要喝芒果汁，爸爸让他稍等一会儿，但志强一分钟也不能等待，马上大喊大叫起来。爸爸轻声制止他的无理乱叫，他却叫喊着要爸爸"闭嘴"。对儿子的这种行为，爸爸深感吃惊。事实上，平时在家里，志强也会偶尔对爸爸表现出不尊重，但儿子这次在聚会上的表现，让爸爸感到事态极为严重。

孩子不尊重妈妈，往往是因为妈妈没有树立权威。他们片面地认为，在家里对孩子限制太多，会让孩子以后难以适应社会。于是，他们对孩子的言行不加约束，久而久之，孩子连妈妈的权威都不放在眼里，当然就更不懂得尊重别人了。

妈妈应建立自己的权威，对于不愿意服从指示的孩子，妈妈应坚持自己的立场，因为多数孩子一旦发现争吵不起作用，他们就会自我约束了。

方法二：给孩子示范尊重人的方式

妈妈应让孩子懂得，表现出感激之情是显示对他人尊重的一种方式。例如，当着孩子的面，称赞他的班主任老师工作尽职尽责；还可以联合其他妈妈一起为生病的老师制作问候卡，并让孩子签上名。这些小小的表示和认可，向孩子传达的是：这些人是值得尊重的。

方法三：告诉孩子尊重都是相互的

妈妈应该告诉孩子：无论你有多么出众，无论你有多么尊贵，都没有理由用骄傲的目光去审视别人，用不屑一顾的神情去嘲笑别人。尤其是对弱者和失败者，更要尊重他们的人格、权利和劳动成果。

懂得尊重别人的孩子，在生活的方方面面，都会展示出一种不凡的风度：

- 在课堂上，全神贯注地听老师的讲解；
- 当听到同学回答问题出错时，不会嘲笑，也不会讥讽；
- 和家人或者朋友一起用餐时，不会把餐桌上搞得一片狼藉；
- 和长辈交谈时，会彬彬有礼；
- 吃到可口的饭菜时，会对妈妈说出心中的感激；
- 得到别人的帮助时，从不会忘记对提供帮助的人说声"谢谢"；
- 无意中妨碍到别人时，总会真诚地说声"对不起"；

……

尊重必须是相互的，只有这样才能领会到尊重的快乐，才能获得被人尊重的自豪感，才能塑造完美的道德品质，才能处处都有好人缘，才能使人生更臻完美！

方法四：把尊重的概念具体化

尊重的含义很广泛，孩子可能不知道具体要怎么做，妈妈可以把尊重的概念具体化，这样告诉孩子：

★要给人留面子

比如，不要当众指出对方的错误，尤其是当他人遇到挫折、情绪低落的时候，最好不要以成功者的姿态去教训，然后告诉对方应该如何去做。

★尊重他人意见

当别人和自己的意见不同时，应允许对方表达自己的思想、观点以及看法，而不要把自己的意见强加给对方。

★尊重他人隐私

朋友之间虽然应该真诚相待，但每个人都有他不愿公开的秘密。比如：我们应对他人的隐私给予尊重。否则，过分"关心"他人的隐私，不仅是不道德的，还有可能让你失去难得的友谊。

★尊重所有的人

不但要尊重你身边的熟人，而且还要尊重你不认识的人。所以，当你坐公车时，要主动把座位让给身边的老人；在街上遇到有人向你求助时，应该耐心、热情地予以帮助，而不要漠然置之，敷衍了事。

习惯六：善于在错误中反思自己

善于在错误中反思自己就是一种自我反省能力，而自我反省的能力是一种内在人格智力，也是认识自我、完善自我、不断进步的前提条件。对成人而言，只有具备自我反省的能力，才能正确认识自己的优缺点，遇到困难和挫折时，才能够及时调整自己的情绪，积极进取，一步步走向成功。1～2年级孩子的自我反省能力还处于萌芽阶段，因此需要妈妈的正确引导。

妈妈可试着从以下几点着手培养：

方法一：倾听孩子的解释

妈妈在批评孩子的时候不要太专制，应该允许孩子作出解释。有时候，妈妈的批评往往是根据自己的推断进行的，事实上，孩子对所做的事情一定有自己的看法，因此，妈妈如果允许孩子对事情作出解释，不仅可以更全面地了解事情的真相，而且可以引导孩子进行自我反思。当然，妈妈应该让孩子明确的是，允许他作出解释，并不是让他推卸责任。

方法二：让孩子学会接受批评

每一个孩子都喜欢受表扬，而不喜欢挨批评。但是，学会坦然接受批评对于一个人的成长是有好处的。毛主席曾说过："有则改之，无则加勉。"一个能够接受批评的人，往往也是一个拥有反省能力、虚心谨慎的人。善于接受批评。可以发现自己的错误，及时纠正自己，避免不良后果的产生，对于一个人的发展有很重要的意义。难以接受批评的孩子长大后，大多会对批评持避而远之或干脆拒之门外的态度。因此，妈妈应该在沟通上注意技巧，和颜悦色地和孩子交流，让孩子认识错误，从而学会接受批评，这不仅能够塑造孩子良好的品质，而且可以帮助孩子在其他方面取得成功。

方法三：引导孩子学会总结经验教训

许多孩子往往比较冲动，做一件事情时不考虑后果。妈妈适当地引导孩子总结"教训"就是帮孩子反思自己的一种方式。

我们先来看这样一位伟大的母亲是怎么做的：

列宁 8 岁的时候，有一天他的妈妈带着他去阿尼亚姑妈家做客。结果活泼好动的列宁一不小心将姑妈家的一只花瓶打碎了。

姑妈发现之后问："是谁打碎了花瓶？"和列宁一起玩的孩子都说不是自己。列宁因为害怕受到姑妈的惩罚也极力否认是自己干的。但是事实很明显，这分明就是列宁干的。怎样对待列宁隐瞒真相的过错呢？要不要当场揭穿他呢？列宁的妈妈经过一番思考后，觉得应该给孩子一次独立反省自己过错的机会，于是没有当场指出列宁的错误，而是始终保持着沉默。在接下来的几个月里，妈妈一直都像无事人一样，她在等待列宁自己发现自己的错误并勇敢地承认。虽然时间过了很久，但列宁并没有忘记这件事，深思熟虑之后，他终于决定向妈妈坦率承认自己的错误。一天，快睡觉的时候，在妈妈面前列宁突然失声大哭起来。他大声对妈妈说："我骗了阿尼亚姑妈，花瓶是我打碎的！"

看到儿子能够勇敢地承认错误，妈妈欣慰地笑了。她安慰儿子说："你承认了错误就是个诚实的孩子，我会给阿尼亚姑妈写信的，姑妈一定会原谅你的。"

案例中列宁的妈妈发现孩子犯了错误后，并不直接指出事情的真相，也不急于对孩子进行教育，而是先把这件事情放在一边进行冷处理，以此引导列宁的自我反思。这点尤其值得妈妈们效仿和学习。当然，妈妈们还可以在对待孩子的态度上表现出沉默的态度，让孩子通过妈妈的态度意识到自己行为的错误，一段时间后，再抓住一个适当的时机对孩子进行教育。

方法四：告诉孩子：自己做错的事，自己来承担

一位妈妈发现自己上 2 年级的儿子不论出什么差错都不会想到是自己的问题，总是责怪别人。对此，她是这么做的：

周六快要到了，儿子也要参加学校的奥林匹克数学比赛了。他数学成绩好，平时又爱动脑筋，在比赛中取得名次的几率很大。比赛越来越近，我发现儿子没有半点儿紧张的情绪，周五晚上，他像平常一样，玩儿了一会儿，然后看电视，读课外书，一直到 11 点才睡。

第二天早晨，儿子又睡到八九点才起床，当他赶到学校的时候，考试已经开始快一个小时了，结果他的考试资格被取消了。

儿子非常沮丧地回到家，第一件事就是责怪我没有叫他早点起床。我心平气和地对孩子说："儿子，你明明知道今天要参加竞赛，为什么昨天还那么晚睡觉？你要知道，在这个世界上，爸爸妈妈并不能永远帮着你，呵护你，最终所有事还是要靠你自己，而你也必须要为自己的所作所为负责！"

接下来的日子里，很多事情我都故意撒手不管，儿子受到了林林总总的许多类似的"教训"。后来，儿子做错了事就学会了自我反省和总结，很少再把问题推到我身上了。

许多妈妈往往喜欢替孩子承担做错事的后果，这种行为是非常不对的。这不仅会让孩子失去责任心，更会加重他不懂得自我反省的习惯，从而一而再、再而三地犯相同的错误。因此，明智的妈妈的要做的是：不是要替孩子承担后果，而是让孩子学会自己来承担。

习惯七：把一件事情坚持做到底

不怕挫折、失败，克服困难，坚持到底的意志品质就是坚持性。它是孩子自制能力发展的标志。

一个人的意志品质特征，对其未来事业的成就有什么影响呢？美国心理学家推孟曾对千余名天才儿童进行一项跟踪研究，30年后他总结发现，成就与智力不完全相关，也就是说智商高的儿童成年后不一定成就高。在这项研究中，这位科学家把800名受试男性中成就最大的20％与没有什么成就的20％做了比较，发现智力的高低并不是他们之间最明显的差别，个性意志品质的优劣才是最大的差别。成就大的，对自己从事的研究工作充满信心，具有不屈不挠的精神，具有不达目的誓不罢休的坚持性；而成就小的正是缺乏这些品质、做事半途而废、遇到困难就放弃的人。

一位聪明的妈妈是这样做的：

前段时间，上 2 年级的女儿要求我给她报电子琴兴趣班。我担心女儿是一时心血来潮，于是问她：不知道你能不能坚持下去呢？得到了肯定的答复之后，我按照她的意愿给她报了兴趣班。

在刚开始学的一段时间里，女儿的兴致的确很高，因为刚开始课程比较简单，而且女儿听得认真，进度把握得也不错。可过了一段时间后，孩子的兴趣减退了，课程难度也加大了，女儿就没有多少热情了，上课时也越来越浮躁，经常说不想学了。

一天晚上，吃完晚饭之后，我对女儿说："女儿，妈妈每天要早早起来做饭，还要洗衣服，做家务，伺候你吃饭，送你上学，你说妈妈辛苦吗？"女儿想了想，然后说："妈妈，你真辛苦。"我又接着问："既然你知道妈妈辛苦，那么知道妈妈为什么还要一直这样做吗？"女儿说："当然是为了我啦。"听到这，我很是欣慰，其实女儿还是很能体贴我的，于是我趁机劝导女儿："妈妈这样做，也是想让你知道，不管做什么事情都要坚持住，这对你以后的路也会有很大帮助。"然后我鼓励她："每个人都会遇到困难，就在于你能不能坚持下去，我相信你一定能做到。"

在我的引导下，女儿真的坚持了下来。之后在学电子琴的过程中遇到了不少困难，她都没有放弃。

由此可以看出，尽管很难，但妈妈是可以通过某种方式帮助孩子养成"坚持"这种习惯并具备这种品格的。"胜利就在坚持一下的努力之中"，妈妈从小培养孩子的坚持性是非常重要的。

那么，具体而言，妈妈要如何培养孩子的坚持性呢？

方法一：培养孩子的自制能力

能够控制自己、支配自己的行动的能力就是自制力。自制力表现为：既能善于促使自己去完成各项任务，又能善于控制自己的行为。1～2年级的孩子由于年龄小，注意力不稳定，自控能力较差，做事往往有头无尾，所以，妈妈应根据以上特点，从孩子生活习惯方面入手，先提出小的要求，让其通过不大的努力就能完成任务，时间长了，孩子就会逐步地学会控制、约束自己的行为，去完整地做好每一件事情了。

方法二：培养孩子的责任心

凭兴趣做事，不喜欢的事情就常常半途而废是很多孩子做事的表现。针对这些情况，妈妈应"故意"把一些事情郑重地作为任务交给他，比如，家里喂养了小狗，要求孩子给它喂食等。孩子认识到自己有了一定的责任，也会增加克服各种困难的热情和勇气，从而坚持把一件事情做到底。

方法三：做孩子的监督者、引导者和鼓动者

惰性是许多孩子的共性，在学习的过程中，很多孩子免不了因偷懒而停下来，或者在遇到解决不了的问题时沮丧，颓废，以致放弃。

作为妈妈，可以在孩子学习的过程中扮演监督者的角色，并适时给予指导与鼓励，帮助他克服软弱与惰性，增强信心，保持学习的连续性。这样长期坚持下去，孩子就会养成持之以恒的习惯，也就不存在半途而废的现象了。

19世纪最有成就的科学家之一巴斯德曾说："我唯一的力量就是我的坚持精神。"我们总是会听到这样一种说法："一个旅行者出发旅行，他可以缺少食物，可以没有水，也可以没有交通工具……

很多东西都可以没有，但是持之以恒的精神却是绝不能缺少的。只要能坚持下去，迟早都会抵达目的地。"

因此，坚持的结果就是成功，成功总在坚持之后。学习也是一个坚持的过程。孩子只有坚持到底，学业才会有成。

对于我们成年人来说，要坚持不懈，持之以恒地做一件事，也是一件挺不容易的事情，更何况是1～2年级的小学生。但是只要妈妈用心地引导与教育孩子，自然会在潜移默化中使孩子养成一种习惯，即做事情有始有终。

好习惯养成关键一：妈妈要以尊重和信任为基础

1～2年级正是培养孩子好习惯的黄金时期，妈妈首先要尊重孩子的主人地位，给予孩子足够的尊重和信任，这样才能取得好的效果。因为通常孩子都有一些很强的逆反心理。如果在他不认同或没有得到尊重和信任的情况下让他去做事，他会很不情愿，甚至会故意和妈妈对着干。

因此，建议妈妈们在培养孩子习惯的时候，首先要尊重孩子，要把孩子放在主人的地位去思考问题。具体来说，妈妈应该把握如下几个方面。

★尊重和信任孩子

每个人的内心深处，都渴望得到别人的尊重，孩子更是如此，因为他们的心比大人更敏感。有的妈妈认为孩子还小，什么都不懂，不能理解妈妈的要求，觉得培养习惯还早；也有的妈妈对孩子管得很宽很细，在"为了孩子好"的名义下，要么过度保护孩子，要么过于死板地要求孩子……这些想法和做法从根本上说，都忽略了孩子的心理。

这样培养孩子习惯的行为，一方面，可能会使孩子受到过分的限制，让孩子的能力得不到适当的发展；另一方面，孩子也会在过度的限制中，逃避习惯训练，甚至厌恶这种习惯。同时，妈妈的过度限制或保护，还在悄悄地向孩子传递一个信息：你不行，你不能。在这样的心态支配下，孩子要培养良好的习惯，难度就会更大。

因此，妈妈应该先尊重和信任孩子，取得孩子的认同和配合，这样才能顺利培养出好习惯。

★深入地了解孩子，根据他的天性来培养习惯

教育孩子的前提是了解孩子。如果不能对孩子有足够的了解，习惯培养很容易走弯路、走错路。妈妈帮助孩子培养良好习惯，要根据孩子的个性去进行。比如，孩子的性格活泼外向，妈妈非要把他培养成一个规规矩矩、老老实实的孩子，就会违背其本性，对孩子的成长并无多少益处。因此，妈妈在帮助孩子养成各种好习惯的时候，要考虑孩子的性格、兴趣、爱好等因素，不要轻易地把自己的愿望加在孩子身上。

好习惯养成关键二：需要必要的训练

习惯培养过程中，训练是特别重要的环节。没有训练就没有习惯。对于1～2年级的孩子来说，妈妈在家庭中怎样训练孩子的行为呢？下面几点可供妈妈参考：

★行为训练要有趣味

飞鸿写字时总喜欢趴在桌子上，下巴都快贴到桌子上了。这样的姿势对孩子的身体很不利，影响骨骼的发育，更容易造成近视。可妈妈说了他很多次，他也改不掉。后来，爸爸想了一个办法，每天飞鸿做作业时，爸爸都坐在他旁边看报纸，并和飞鸿比赛，看谁坐得直，谁先弯下腰，谁就在晚饭后洗碗。这样，飞鸿喜欢趴桌子的习惯慢慢就改正了。

培养好习惯，改掉坏习惯，这个过程是十分艰苦的。尽管如

此，我们并不提倡苦行僧式的训练，如果光是让孩子苦练，孩子会感到厌烦。妈妈们可以采取一些有趣的形式，如通过游戏、活动、竞赛、绘画等途径，不断变换形式来进行训练。

★行为训练要严格

不同行为习惯有不同的标准，妈妈在和孩子一起确定标准之后，就要严格遵守，不能放松。有的妈妈对孩子进行训练时，往往根据自己的心情进行，心情好的时候，孩子做得不好也可以过关，心情不好的时候，孩子做得好，妈妈看着也不顺眼。也有的妈妈反其道而行，心情不好就不管孩子，心情好了就对孩子严格要求，恨不得一天训练出来一个品行优良的孩子。所以，只有妈妈客观、严格要求孩子，才能培养孩子的好习惯。

★行为训练要坚持

小洁刚上小学时，写作业经常拖拖拉拉的，一会儿说要喝水，一会儿又说要上厕所，一会儿去逗逗小狗，一会儿又去看几眼动画片……往往磨蹭到上床睡觉的时间作业还没写完。为了改掉他这个坏毛病，妈妈每天晚上都监督他 6 点半准时写作业，除了上厕所之外，中途不许他做其他事情。这样坚持了 3 个月，小洁终于改掉了写作业拖拉的毛病。现在，小洁放学后的第一件事就是端端正正地坐在书桌前写作业，写完作业再去看动画片或玩游戏，学习成绩也有了很大提高。

中国青少年研究中心副主任孙云晓说："坚持 21 天，就从被动锻炼变为主动锻炼，坚持 60 天会从主动锻炼变为自动锻炼，坚持 90 天就会养成运动习惯并体验到自信和快乐。"习惯培养是一个持之以恒的过程。一个好习惯的养成，往往需要漫长的时间。如果不能持之以恒，今天训练，明天放假，行为就难以变成自动化的习惯。

★行为训练要有耐心，有信心

　　人往往具有惰性，在一段时间的训练之后，如果妈妈稍加放松，孩子就会出现反复。所以，在对孩子进行训练时，妈妈不能放松，即使孩子在某种行为上已经表现得很好了，也要严格要求。同时，对于孩子出现的反复现象，妈妈不要气馁，这是正常的，通过妈妈的努力就可以解决。

| 第八章 | 重要素质重点修炼，让每个孩子都不平凡 |

我国著名教育学家陶行知说过："思维决定行动，行动养习惯，习惯形成品质，品质决定命运。"对于1～2年级的孩子来说，品格与礼仪的塑造比知识和技能的获得更为重要。所以妈妈在平时就要注意孩子在品格方面的塑造，让每个孩子都不平凡！

让孩子保持善良的天性

善良是人的一种宝贵的品质，一个善良的人内心时刻都是温暖的，"人之初，性本善"，善良是每一个人的本性，孩子更是如此。孩子的善良需要保护，更需要妈妈的精心引导。

一位妈妈这样分享自己成功的教子经验：

8岁的儿子一直都是家里的小皇帝，他指东我们不敢往西，有什么好吃、好玩的首先想到的就是他。但我们的关心和富裕的生活并没有换来他的感激，反而让他变得非常自私。

有一天晚上烧好开水后，我给儿子倒水喝。结果因为骤热，杯子被烫坏了，我的脚也被滚烫的开水烫红了。儿子看见了，跳起来大叫："你怎么这么不小心，把我杯子弄坏了，你赔！"听了儿子的话，我的眼泪顿时涌了出来，当时非常心冷：儿子，你为什么不问问妈妈的脚是否烫伤了呢？

这件事过去之后，我开始反思，并非孩子本来就是自私的，年幼的孩子就像一张洁白的纸，给他涂上什么颜色就是什么颜色。孩子自私，应当是我的教育方式出现了问题。

为了纠正儿子自私自利的缺点，我经常给他讲一些真善美的故事，尤其是发生在生活中的真实故事，比如：

在一次自行车拍卖会上，每拍卖一辆车，有个小男孩都会将手举起来，然后说："5元钱。"可是每辆自行车都被出价更高的人拿走了。在拍最后一辆自行车前，拍卖师好奇地问小男孩："为什么每次你都只出5元钱？"小男孩说："因为我只有5元钱啊。"小男孩的话音刚落，原本喧闹的会场顿时雅雀无声。当拍卖师拍卖最后一辆自行车时，小男孩照例举起手："5元。"此时再没有人喊出更高的价钱，最后小男孩得到了这辆自行车。

故事讲完后，我问儿子："你知道为什么那个小男孩仅凭5元钱就能得到最后那辆自行车吗？"儿子想了半天没想出来。我意味深长地对儿子说："这是因为大家都有一颗善良的心，都希望这个贫穷的小男孩能如愿以偿。你看，善良可以给别人带来快乐，也能让自己开心。"儿子想了想，点点头道："妈妈，我也要做一个善良的人。"

除了给孩子讲故事，我也身体力行，给儿子做好示范。没过多久，我就发现儿子有了很大的变化。他开始关心妈妈，会给我倒水，会给他爸爸捶背。不仅如此，他也学会了关心和帮助他人：坐公交车的时候，他会主动把座位让给老人和怀孕的阿姨；看到路边有乱扔的垃圾时，他会捡起来放到垃圾桶里；看到路边的乞讨者，儿子也给他们一些零用钱。看到以前只顾自己的儿子现在却自觉地帮助他人，充满了同情心，我特别欣慰。

孩子的天性是善良的，妈妈要努力去保护孩子的这份纯真，那么，如何才能保持孩子善良的天性呢？

方法一：及时肯定孩子善良的行为

当孩子对别人表示出关心同情或者做出善良的举动时，妈妈要及时对孩子进行鼓励和肯定，以强化孩子善良的行为。

对此，一位妈妈做得非常好：

8岁的璐璐今年上2年级。一天和我上街的时候，她看见路边有个残疾女孩跪在地上乞讨，面前放着一个破旧的碗，里面有零星的几元钱。璐璐转身对我说："妈妈，能给我10元钱吗？"接过钱后，璐璐把钱递给了跪在地上的女孩。在女儿奉献爱心之后我大大夸赞了她一番。因为女儿的上佳表现，我还专门给她买了个新书包以示奖励。

孩子在面对不幸的人表示出同情或主动提出要帮助弱者时，妈妈应该及时支持他们，并指导他们在力所能及的情况下采取有效的行为。妈妈对孩子善良行为的及时肯定，就会使其美好的情感和行为在愉快体验中逐渐稳定，最终形成善良的品质。

方法二：给孩子提供一个互助、友爱的家庭氛围

家庭是孩子成长的第一个环境，而妈妈又是孩子的第一任老师，对保护孩子善良的天性而言，这两个因素起着不可估量的作用。

俗话说："有其父必有其子，有其母必有其女。"妈妈是什么样的人，有什么样的行为，孩子往往也会具备什么样的行为，成为一个什么样的人。因此，妈妈要想维护孩子天性的善良，就需要给孩子创设一个互助、友好的家庭环境。

方法三：告诉孩子"美"与"丑"同在，引导孩子积极面对社会

看到这个观点，或许很多妈妈会质疑："孩子那么小，过早地让他们了解社会的阴暗面，这合适吗？"那么，请允许我反问各位妈妈一句："您能保证孩子完全接触不到社会的阴暗面吗？"社会上每天都在发生这样或那样的负面事件，如果妈妈出于对孩子心理承受能力的考虑，只向他们展示社会积极的一面。使孩子看不到社会阴暗和丑陋的一面，在没有任何准备和毫无防范之下孩子一旦目睹到社会上的一些丑陋现象，他们就会感到怅然若失、无所适从，这无论是对于保护孩子善良的天性，还是对于他们的成长来说都是不利的。

就拿今年连续发生的校园伤人案来说，相信天真无邪的孩子做梦也不会想到，世界上竟然还会存在如此凶残的一面。这种意外状况的发生，无疑会对孩子不成熟的心理造成极大伤害，令他们感到困惑不已、惶恐不安。所以我们在谴责施暴者毫无人性之余，有必要认真思考一下：是不是将社会上的丑陋现象全部掩盖起来，就真的能够保护好孩子那颗善良的心？

在校园系列伤人案发生以后，一位妈妈的做法值得我们思考和借鉴：

那天放学以后，儿子一脸沉重地告诉我："妈妈，听同学说，有好多小朋友被坏人用刀子扎伤了。我们很害怕，现在连上厕所都有点不敢去了。妈妈，社会上怎么会有坏人呢？我不想上学了，我害怕坏人……"

听了儿子的话，我不禁皱起眉头。事实上，对于这场"意外"我早有耳闻，但考虑到它对孩子心理的影响，所以一直没敢提起。现在，孩子既然知道了，我又该怎样向他解释呢？

思索良久，我将孩子轻轻揽入怀中，尽量平静地对他说："宝贝，就像有些植物的果实好吃，有些植物的果实有毒一样，这个世界上有好人，同样也有坏人。有些人因为小时候没有好好学习，所以长大以后找不到工作，没有钱吃饭，就会去偷、去抢别人的东西而成为坏人；有些人因为不够坚强，遇到困难或是失败，就会自暴自弃，最后把自己的不愉快发泄到别人身上而成为坏人。但无论是什么样的坏人，只要遇到好人，就都会害怕，因为好人是坏人的天敌，你看那些伤害小朋友的坏蛋，不是都被警察叔叔抓起来了吗？"

停顿片刻，看到孩子似乎听得很认真，我又继续说道："宝贝，你要知道，这个世界上好人、好事总是要比坏人、坏事多很多，每一个好人都会受到大家的尊重，比如你经常见到的老师、警察叔叔，不是很受大家欢迎吗？坏人见了他们是不是跑得比兔子还快？所以你根本不用害怕，因为你身边有爸爸、妈妈、老师、叔叔、阿姨……很多很多人在保护你，你只要自己小心一些，就没有人敢伤害你。"

孩子点了点头，很正式地告诉我说："妈妈，我要好好学习，长大了做个像警察叔叔那样的好人，把坏蛋全抓起来，像你们保护我一样保护小朋友！"

毫无疑问，这位妈妈非常明智地通过浅显易懂的语言，道出了社会上"美"与"丑"同在的事实，既避免了一场"意外事故"对于孩子社会认知的伤害，让孩子分清善恶，学会保护自己，同时又激起孩子好好学习，做个好人的决心。

我们可以向这位妈妈学习一下，以积极的方式向孩子解释社会中的"美"与"丑"，告诉孩子——社会上的丑陋现象不仅现在有，古代也有，不仅中国有，国外也同样存在，它们之所以会出现在这里，并不是因为我们的社会不好，而只是社会在发展过程中遗留下来的沉沙。随着社会机制的完善，一切丑陋现象势必会被真善美所淘汰。当孩子能够积极、客观地去面对社会时，就不会因丑陋而迷失心灵，并从中得到警示，严于律己，不断完善自己。

孩子善良的天性就像一粒美德种子，作为妈妈只有用心去呵护和浇灌，才能让这种美好的品质在孩子的心中生根发芽并茁壮成长。保护好孩子善良的天性，妈妈就迈出了成功教子的第一步。

正确的礼仪和得体的举止

人际交往中的礼仪就是以一定的行为规范来维护正常的人际关系，以使沟通更为顺畅，是人际交往中不可或缺的行为方式，它也让人际交往成为一种艺术。一个人如果一点礼仪也不懂，说话粗俗不堪，在交往中目中无人，一心只考虑自己方便而不顾他人的感受，那么，不管是在家庭中，还是在社会群体中都难以立足。所以对于1～2年级的孩子，礼仪教育是必不可少的。

礼仪是一种习惯，从小就对孩子进行礼仪培养，才能内化为孩子的优良品质。

然而，现在的儿童礼仪教育形势不容乐观，由于受到社会上各种不文明行为的影响，随处可见许多孩子的不文明行为……

一位妈妈在博客中写道：

儿子今年都9岁了，但还是连基本的礼貌都不懂。元旦当天，我和儿子在家里看电视，几个要好的同事突然造访。我让儿子到卧室里玩，将客厅的座位让给同事，但任凭我怎么说，儿子都无动于衷，不肯让出座位，最后还生气地说："你们就不能去卧室说话吗？"听了儿子的话，几个同事都显得有点不好意思，我一边尴尬地笑着，一边用眼睛瞪儿子，谁知儿子竟朝我大嚷道："你瞪什么眼？我看我的电视，又不影响你们！"

最后，同事们寒暄几句就匆匆离去。我送走同事后，电话铃忽然响了，儿子没好气地接起电话就喊道："找谁？没在家！"随即啪的一声挂了。我目瞪口呆地看着儿子走进自己的房间。

因为儿子不懂礼貌，平时亲友聚会带他去的时候，我常常是战战兢兢，生怕儿子又惹出什么事端。一次，我带着儿子赴宴，临行前特别嘱咐儿子一定注意礼貌，儿子也应允了，但宴会期间儿子还是惹事了，让我这个做妈妈的很没面子，在别人面前抬不起头来。

……

类似孩子不懂礼貌的例子还有很多。其实，孩子不会天生懂得礼仪，之所以出现这样的情况，与妈妈没有对孩子进行礼仪教育有很大的关系。有的妈妈要么不在意孩子在 1～2 年级表现出来的不礼貌行为认为孩子年纪小，还不懂事，对孩子的不礼貌行为放任自流；有的妈妈对不礼貌的孩子不是打就是骂，用"不礼貌"的方法惩治孩子的不礼貌行为，怎么会有效果呢？妈妈的第一种做法会让孩子形成自私、霸道的性格，在人际交往中表现得飞扬跋扈；妈妈的第二种做法会让孩子变得畏缩，形成胆小怯懦的性格，不敢与人交际。总之，两种做法对孩子的身心发展和成长都是不利的。那么妈妈应该怎样对孩子进行礼仪教育呢？

方法一：指导孩子使用正确的礼貌用语

一方面，在平时妈妈要教会孩子使用礼貌用语，告诉孩子在不同的场合面对不同的人应该如何使用不同的礼节，另一方面，自己在待人接物的过程中妈妈要引导孩子正确使用礼貌用语，作为孩子学习的一本活教材。比如，妈妈要教给孩子：对教师及其他社会工作人员称呼"老师""师傅""同志""阿姨""叔叔"等，对长辈、友人或初识者称呼"您"，与人打招呼时要说"您好"，对他人提出要求时要说"请"，给人添麻烦时要说"对不起"，得到帮助时要说"谢谢"，与人分手时要说"再见"，等等，在平时妈妈也要监督孩子使用这些语言。

方法二：对孩子进行仪容教育

在生活中，妈妈要教育孩子衣着得体，整洁朴素，美观大方。孩子天性善于模仿，这就要求妈妈首先在这方面要有一定的修养，并给孩子做出最好的示范。比如：妈妈的衣着样式要大方，色彩要适宜，并经常保持整洁；房屋装饰及色彩要力求简洁、雅致。这些都可以让孩子从自己生活的环境和妈妈的衣着上，逐渐形成正确的审美观，这会对他们理解和掌握最初的仪容常规有一定的帮助。

方法三：教会孩子正确使用体态语言

一般来说，正确的体态语言可以显示出孩子良好的家庭教养和行为习惯。因此，让孩子从小学习和掌握正确使用体态语言是很重要的。1～2年级的孩子由于动作系统尚未完善，所以具体的动作很可能掌握不好。妈妈在这方面不用对孩子有过高要求，只要训练孩子有正确使用体态语言的意识并应用一些最基本的体态语言就可以了，比如，与小朋友合作或言和的时候要紧握对方的手、迎接长辈或其他小朋友时要面带微笑、送别他们时要伸臂摆手等。

方法四：让孩子懂得基本的课堂礼仪

对于1～2年级的孩子来说，妈妈还要教他学习基本的课堂礼仪，主要包括以下几方面的内容：

• 上课前做好预习和准备工作，这不仅有益于掌握知识，也是对老师的基本尊重。要在预备铃响前就进入教室并准备好课本、文具等，然后等候老师的到来。

• 老师进入教室，在班长喊完"起立"之后，要立即起身并说"老师好"，下课时要说"老师再见"。

•当因故上课迟到时，如果门是开着的，要喊"报告"，如果门是关着的，要敲门，得到老师的允许后，才能安静地走进教室并入座。

•上课时要严守课堂纪律，不要和同学窃窃私语，更不能做小动作，同时应该全神贯注，把主要精力都放在听讲上。

•读、写、坐姿应规范，不要东倒西歪。

•回答老师的提问时，要先举手，得到老师的同意后再起立发言。

方法五：教会孩子接听电话

接听电话也是孩子们要掌握的礼仪之一，妈妈们要借助电话这一载体，适时地对孩子进行礼仪教育。

•接电话时要说"你好""请问""请等一下"等礼貌用语。

•不要一边吃东西，一边接电话。

•大人打电话时，孩子不要在一旁插嘴或抢话筒。

•挂话筒时，要轻拿轻放，不可以摔话筒，或重重地挂电话。

•打电话时要先报上自己的名字，并说明要找的人。

•接打电话时，要学会说"再见"，然后再挂电话，不要只管自己讲完就挂电话。

•要注意打电话的时间，通话时间不可太长，也不要选择太早或太晚的时间打电话，否则会影响别人的休息。

方法六：让孩子学会餐桌礼仪

教育孩子掌握餐桌礼仪，不仅有助于帮助孩子树立好形象，也能够促使孩子养成良好的饮食习惯。妈妈要教孩子掌握的基本餐桌礼仪包括：不要喧闹或敲打碗筷；长辈入座后，孩子才可以入座；吃完饭后应主动和长辈说"××，您慢吃"，等等。同时，吃饭时的一些小动作也应尽量避免，比如用手抠牙、对着餐桌打喷嚏等。

礼仪知识极为丰富。作为妈妈必须要教给孩子一些正确的礼仪知识，让孩子认真学习，积极应用，在公众场合成为一个懂礼貌、讲文明的好孩子。

自律、自控——不做暴躁的"小霸王"

1～2年级的孩子自我控制能力较差，不善于控制自己的情绪。这除了和年龄有关外，还同其受教育的环境有关，如果周围的成人尤其是妈妈过于溺爱、迁就他，任其妄为，那么孩子就会逐渐丧失自控力，成为家庭中的"小霸王"。

一个妈妈这样讲述自己孩子脾气暴躁的经历：

上个月，我和一个朋友约好，一起带孩子到海滨玩。在海边玩的时候，大家都很开心，这时朋友家的孩子捡到了一只贝壳，我儿子看到之后立即抢了过来。我教育他应该还给人家，自己想要，应该自己去捡。结果儿子又哭又闹，怎么都哄不好，弄得大家都很尴尬。

上面的例子在孩子小时候做妈妈的一定或多或少地遇到过。作为妈妈，该怎么解决呢？换言之，当孩子因为某种要求得不到满足而大吵大闹时，妈妈应该怎样如何教导孩子自我控制呢？培养孩子的自我控制能力，妈妈们可以采用如下三种方法：

方法一：让孩子明白规则的重要性

自律自控形成的第一个条件就是对社会规范和道德准则产生认同，而孩子在上学前，接触的人和事物都很少，对社会规范和道德准则都不熟悉，很多孩子正是因为心中没有规则，才会产生任性妄为的心理，因此妈妈首先要从这点入手，让孩子对规则产生认识，然后慢慢提高孩子的自律自控能力。孩子在 1～2 年级的时候，妈妈必须有意识地让他了解日常生活中的各种规则，比如人际交往的规则、交通规则、在学校应该遵守的规则、在家应该遵守的规则、在公共场所应该遵守的规则，等等。

在孩子触犯规则的时候，妈妈要给孩子一个合理的解释，选择恰当的方法对其进行小惩戒，让孩子对这些规则产生明确的认知。这样，在孩子行动前，肯定会用心中的规则进行衡量，就会让孩子产生自律意识。

方法二：让孩子掌握一些自我控制的技能，必要时协助孩子进行自我控制和调节

有的孩子心中对规则以及自律都有一定的认知，并且知道自己应该进行自律，但是有时候还是不能好好约束自己。这主要是因为孩子缺乏自律的技术。

★孩子的自律和自控是需要榜样的。

在日常生活中，假如妈妈一到周末就赖床，那么孩子就有可能和妈妈一样赖床，并且慢慢地在除了周末以外的时间也赖床；妈妈忙起来忘记收拾房间，那么孩子的书本文具也会乱堆乱放；妈妈动不动就乱发脾气，在别人面前表现的自私、不礼貌，那么孩子也可能会任性霸道。因此，妈妈要注意让家人成为孩子严于律己的榜样，给孩子做出良好的示范。

★延迟孩子对需要的满足，帮助孩子抵制欲望。

孩子在 1～2 年级的时候，不要像小时候那样第一时间就满足他们所提出的要求，尤其是对孩子提出的一些不合理要求，妈妈更应该慎重对待。当孩子看见一个玩具，非常喜欢，提出要买给他时，妈妈不要因为孩子喜欢或是孩子软磨硬泡就答应下来。这时候妈妈不妨和孩子讲讲条件，告诉他天下没有免费的午餐，他要获得玩具必须要付出代价。比如可以等到他生日的时候买给她，或是通过做家务或完成一定的学习任务后再买给他。类似的做法不仅会让孩子懂得付出才会有收获，还会让孩子学会节制。

★与孩子协商，订立规则。

孩子的自律自控能力差通常是因为没有什么具体的规则对孩子进行约束和限制。在征求孩子同意的情况下，给孩子制定规则，比单纯要求和说教更有效果。

★严格按照制定的规则执行。

规则制定出来就必须要执行，否则一切都是空谈。妈妈可以和孩子一起事先商量好违反规则后的惩戒方法，如果孩子执行不力可以按照规则给孩子一些惩戒。

★让孩子学会自我反省。

自我反省可以让孩子认识到自己的错误和不足，鞭策自己，及时修正自己的心态，促使自己在未来自律。因此，妈妈一定要要培养孩子的自省意识，在孩子做错事情的时候，及时让孩子认识到自己的错误，并提出弥补或者改进的方法。

方法三：增强孩子的责任感

孩子对自己要求懈怠，不能够随时约束自己，通常是因为对自己、对他人以及对社会没有责任感。孩子在学习上不约束自己，根源于对自己自身的责任没有认识清楚，而孩子在公共场所不能约束自己的言行，是对他人不负责的表现。因此加强对孩子责任感的培养对于孩子的自我约束是很有帮助的。孩子心中对自己、对妈妈、对他人、对社会有了一份责任感，就会坚定决心，尽力达成自己的目标和愿望，因此能够很好地约束自己。

学会分享——让孩子在同学中更受欢迎的秘诀

"Sharing is Caring" 是西方很流行的一句谚语，意思就是"与人分享就意味着关心和照顾别人"。分享在人际交往中非常重要，是每一个孩子从小就应该学习的美德之一。生活中的很多快乐都是通过分享得来的；生活中的痛苦，都可以通过分享来减少。分享是交流，是发现问题的前提，是精诚合作的条件。在分享中，人们的沟通和交流更顺畅，懂得分享的人，在人群中将大受欢迎。

一位妈妈这样培养孩子乐于分享的习惯：

很多孩子对自己的东西都怀有强烈的占有欲，不愿将自己的东西分享给别人，但是，孩子进入小学融入集体后，如果仍然不懂得分享，就会在集体生活中碰壁，因此，在孩子1～2年级时，妈妈必须培养孩子乐于分享的习惯。

因为工作的原因，女儿上2年级的时候我就让她住校了，和她住在一起的，还有其他几个小女孩。每周去学校看望她的时候，我都会同时给其他几个小女孩每人准备一份礼物，我的目的在于培养女儿，让她学会与人分享。在我的影响下，女儿变得越来越大方，懂得分享，也变得乐于帮助他人。分享让女儿从中尝到了甜头，女儿宿舍的所有同学都一致推举她当寝室长，后来在同学们的信任下她竟选上了班长。

案例中这位妈妈的做法非常好，让孩子从小就感受到了分享带给她的快乐与益处，相信这个孩子在日后的人生中会一直保持这个好习惯。

乐于分享的确是一件很快乐的事。一个乐于分享的孩子，往往也能够懂得欣赏别人身上的优点，反思能力和自我监督能力也高于同龄孩子；而不懂得分享的孩子往往比较自私、固执，不善于与人交流沟通，也很难获得真正的友谊。

但现在大部分家庭都是独生子女，很多孩子平时在家里就像小皇帝、小公主，爸爸妈妈、爷爷奶奶对他们的要求都有求必应。在这样的环境下，时间久了，很容易养成孩子自私自利、独吞独霸的性格，难以形成和其他人分享的习惯，这样对孩子未来的成长是很不利的。

作为妈妈，可以用以下方法培养孩子与人分享的习惯：

方法一：不要让孩子独享

有些妈妈过分溺爱孩子，把家里所有好吃的、好玩的都给孩子一个人享用，这样时间一长，就会让孩子形成独享的意识。妈妈要及时纠正孩子的这种行为，告诉孩子：分享不是失去而是互利。分享体现了自己对别人的关心和帮助，同样，别人也会关心和帮助自己，自己也才会在伙伴们中间更受欢迎。

方法二：有意地给孩子创造"分享"的情境

由于现在绝大多数家庭都是独生子女，许多孩子没有同龄小伙伴，家里的任何东西，包括吃的、穿的、用的、玩的，都是他一个人的，很容易使孩子产生"什么都是我的"这种概念。鉴于此，妈妈们要在家里有意识地去创造一些机会让孩子懂得分享的意义。比如假日里带孩子到亲友家去串门，请有小孩的同事、朋友带孩子到家里来做客，让孩子把自己的玩具、图书拿出来与小伙伴分享。开始可能有一定困难，但次数多了，孩子慢慢会感受到与人分享带给他的快乐，渐渐就会养成乐于分享的习惯。

方法三：在游戏中让孩子学会分享

如果和1～2年级的孩子说一些空洞的道理，他们无法理解，也听不进去。毕竟这个年龄段的孩子思维能力还很有限，基本上都停留在表象上面，说过深的道理孩子自然也听不懂，因此，妈妈应将道理融入可感可触的事物上。如果要教孩子懂得某一个道理可以将这个道理融入到小游戏里，让孩子在游戏中感受那些抽象的道理，效果会非常好。让孩子学会分享，也可以采用这个方法。比如妈妈可以和孩子们玩老鹰捉小鸡的游戏，让孩子互相协作，在和老鹰"斗来斗去"的过程中，孩子很容易就能明白互相帮助的重要性了。

妈妈还可以和孩子一起做送礼物的游戏。妈妈定期定一个"快乐收礼物"的时间，比如每个月的某个具体的时间。在这一天，妈妈和孩子都要精心准备一份礼物，以抽签的形式，抽到谁，谁就把礼物送给对方，并且告诉对方礼物的含义，从中让孩子体会到，送礼物和收礼物都是一件快乐的事。

除此之外，鼓励孩子与其他孩子交换玩具也是一个不错的方法。妈妈可以让孩子和小伙伴约定好，每隔几天交换一次玩具，互相交换着玩。虽然每个人只准备了一件玩具，但是聚在一起就可以有很多新奇有趣的玩具轮着玩。通过这种方式，孩子自然就会喜欢上与人分享了。

有人说："一份快乐两人分享，就会变成两份快乐；一份烦恼两人分担，就会变成一半烦恼。"分享是一种快乐，让孩子从小就懂得资源共享，有利于他将来在社会上立足。让孩子学会分享，将使他受益终生。

责任感——懂得担当的孩子更有出息

在美国有"领导人教父"之称的丹尼斯·韦特利博士曾说："只有从小就具有责任意识，孩子将来才会成为一个对自己的行为负责，对组织、社群尽职的人。"一个有责任感的孩子就会去理解、体谅别人；反之，一个没有责任感的孩子往往会以自我为中心，对别人的冷暖不闻不问，只关心自己，我行我素。因此，对于1～2年级的孩子来说，想要让他成为合格的人才，妈妈就必须从小培养他的责任感。

在美国的一个小镇上，几个七八岁的孩子正在忘我地踢足球，忽然"呼"的一声，其中一个男孩一脚将球踢到了不远处一家杂货店的玻璃上，转眼间玻璃就被撞得粉碎。店主冲了出来，当即拉住那个男孩，要他赔12.5美元。男孩没有钱，只好将自己的爸爸叫来。男孩的爸爸了解了实情之后，二话不说，拿出钱来赔了店主。回到家后，爸爸对儿子说："儿子，玻璃是你打碎的，责任在你，应该由你负责。今天赔偿的钱算是我借给你的，有一天你要还我。"结果这个调皮的孩子花了一年时间打零工，终于攒够了12.5美元，然后将这些钱都还给了他的父亲。

这个小男孩不是别人，就是后来成为美国总统的里根。里根总统后来谈及此事时，表示对父亲十分感激，是父亲告诉了他应该承担的责任。

在当前独生子女的家庭中，很多妈妈一味地宠爱、娇惯孩子，忽视对孩子的责任感教育，孩子自然就形成了骄傲、任性、自私，甚至粗暴、反抗、没有责任心的性格。

一位妈妈抱怨说："儿子都上 2 年级了，还是一点责任心都没有。有一次，他不小心把家里的相机摔坏了，一点内疚的感觉都没有。我训斥他或者扣他零花钱，他就恼羞成怒，绝食抗议……"

其实上面这位妈妈的经历并非个案，现在的孩子缺乏责任感的问题的确需要引起妈妈们的重视。妈妈在抱怨、担忧的同时，更要反思自己是不是过分宠爱孩子了。妈妈过分宠爱孩子只会增强孩子的依赖感，令他们缺乏主见，不敢担当。如果让这样的孩子投身到责任和挫折交错的复杂社会中，孩子能适应吗？

其实培养孩子的责任心并不是一件难事，责任感是在每一件小事中逐步养成的。1～2 年级的孩子已经初步具备独立行为能力了，在日常生活中，妈妈不妨让孩子们做一些打扫房间、清理书桌等孩子力所能及的事情，让他明白这是他应该做的事；再如让孩子试着去帮助比自己年龄小的、或者身体不适的伙伴，告诉他这是他的责任，等等。

此外，也是最重要的一点就是要教育孩子做事情要有始有终，负起责任来。告诉孩子不管做什么事情，半途而废就是一种不负责任的表现。1～2 年级的孩子正处在好奇心很强的阶段，不管是什么都想去摸摸、去试试，随意性很强，做事往往虎头蛇尾或有头无尾。所以妈妈在交给孩子任务的时候，哪怕是很小的事情，也要有检查、督促以及对结果的评价。例如，当孩子要养些小动物时，妈妈在答应孩子的要求前，可以让孩子承诺按时给小动物喂食，要对小动物负责到底等。为了防止孩子"三天打鱼，两天晒网"，妈妈就要进行监督，让孩子切实地负起责任来，并时常对孩子照顾小动物的状况作出评价，照顾得好要表扬，照顾得不好要指出孩子的错误，并监督孩子及时改进。在这一过程中，孩子的责任感就会被逐渐培养起来。

此外，培养孩子的责任感还有以下几种方法：

方法一：妈妈要以身作则

教育家陶行知曾说："我要儿子自立立人，我自己就得自立立人；我要儿子自助助人，我自己就得自助助人。"妈妈是孩子的第一位启蒙教师，因此，想要培养孩子的责任感，妈妈自己首先就要有强烈的责任感。如果妈妈本人就是一个没有责任感的人，又怎么能去教育自己的孩子有责任心呢？孩子又怎会听进妈妈的劝说呢？

方法二：把孩子当成一个平等的家庭成员来看待

作为家庭中的重要一员，孩子对家庭同样有一份责任。在孩子的能力范围内，要让他承担相应的责任。妈妈在自己的日常言行中要对孩子以尊重和信任的态度鼓励他履行自己的职责。妈妈平时有意识地给孩子安排一些任务，比如让孩子打扫卫生，做点家务活等，当孩子按照要求完成之后，应给予及时的表扬和鼓励，当然，如果孩子没做好，可以帮助他指出问题所在，教给他正确的做法，必要的时候还可以给一些小小的处罚。只有这样，才能让孩子走出自我中心意识，强化对他人和周围环境的责任心。一个孩子只有在确立了家庭层次的责任心之后，才能过渡到社会层次的责任感。

方法三：放手让孩子独立做事

对于1～2年级的孩子，妈妈不能对孩子事事包办，这种行为会使孩子失去责任心。妈妈要放手让孩子独立去做事。在做事之前，妈妈可以给孩子提出要求，鼓励孩子认真完成。如果孩子遇到困难，妈妈可以给予一定指导，不要怕孩子做错，要大胆给予孩子独立做事的机会。

方法四：鼓励孩子勇敢地承担责任

敢于承担责任的人才会是一个有责任感的人。比如，孩子跟着妈妈到朋友家做客，不小心损坏了物品，这时就应该让孩子知道：是由于自己的过错才造成了这种后果，首先要向主人道歉并提出给予赔偿。妈妈之后要带孩子一起买东西去朋友家道歉，加深孩子印象。

责任心是一个人安身立命的基础。梁启超曾说："凡属我受过他好处的人，我对于他便有了责任；凡属我应该做的事，而且力量能够做到的，我对于这件事便有了责任；凡属我自己打主意要做的一件事，便是现在的自己和将来的自己立了一种契约，便是自己对于自己加一层责任。"总之，一个有责任感的孩子，将来才会更容易收获成功。

合作精神——1＋1＞2

有人曾经问一位成功的日本小学校长："您办学最注重什么？"这位校长回答说："教育孩子理解别人并学会与其他人合作。在现代社会，如果不能与人相互理解和合作，知识再多也没用。"欧洲著名的心理分析家阿德勒也认为："假使一个儿童未曾学会合作之道，他必定会走向孤僻之途，并产生牢固的自卑情绪，严重影响他一生的发展。"

不管是日本的这位小学校长还是心理分析家阿德勒，他们的话都告诉妈妈们一个道理：合作意识和合作能力是孩子的一项重要素质。1～2年级的孩子，刚刚进入小学，可以说这一阶段是走入社会、接触社会的第一步，妈妈一定要抓住这一关键时期，培养孩子的合作意识。

有这样一个故事：

诸葛亮到东吴做客时，为孙权设计了一尊报恩寺塔。这种宝塔设计要求极高，单是顶上的铜葫芦，就有5丈高，4000多斤重。实际上，诸葛亮是想借此看看东吴有没有能人造塔。结果孙权真的被难住了，一般的冶匠根本设计不了这样的宝塔，于是他就在城门上贴起招贤榜。但时间过了一个月仍然没有人应征。看到这种情况，诸葛亮很是高兴。

就在贴告示的城门下，有三个摆摊儿的皮匠，他们面目丑陋，而且都不识字，大家都称他们为丑皮匠。当他们听说诸葛亮在寻东吴人的开心，心里不服气，于是一起商议，并花了三天三夜时间终于制造出了宝塔。诸葛亮得到宝塔制造好的消息，立即向孙权告辞，从此再也不敢小看东吴了。

这则故事的寓意其实就是教人要学会合作，三个普通人合作起来就可以顶一个诸葛亮的智慧。一个团队只有做到取长补短，相携共进，这样才能够完成既定目标。妈妈们可以将这个故事讲给孩子听，启发孩子明白合作力量大的道理。

那么，应该怎样在日常生活中培养孩子的合作精神呢？这里总结了以下几点，供妈妈们参考：

方法一：培养孩子的合作精神，离不开和谐的家庭氛围

每一个家庭成员之间都是互相联系的，任何一个家庭成员的行为及其情绪的变动都会对其他成员造成或多或少的影响。

对于孩子而言，妈妈之间的行为以及互动会对孩子产生巨大的影响。妈妈互相帮助、共同合作会对孩子内心产生很强的美好感受。因此，妈妈可以在营造和谐的家庭氛围这一方面多下工夫。比如，经常一家人一起做饭，共同参与某个活动，一起进行一些体育活动等等，在潜移默化中培养孩子的合作意识。

方法二：让孩子感受合作的快乐

如果孩子没有感受过合作带来的快乐，他可能就不愿意与别人

合作，相反，当孩子从合作活动中感受到快乐时，他就会产生积极与人合作的愿望。比如堆积木，可能一个孩子堆不起来的积木两个孩子就能堆起来了。这种体验能够带给孩子无穷的快乐，进而培养孩子的合作意识，并使得孩子有意识地主动去与他人开展合作。当孩子表现出合作行为时，妈妈可以用相机为孩子留下合作成功的一幕；如果合作失败，一定要给予孩子鼓励，对于合作失败的事情妈妈要第一时间与孩子分析失败的原因，以免让孩子对合作本身产生怀疑。

方法三：让孩子多参加集体活动

孩子经常"独处"，就会无法与人合作，不利于人际交往，因此也容易形成内向孤僻的性格。对此，妈妈要尽量减少孩子"独处"的时间，要尽量多给孩子创造一些交往活动。比如，平时可以将邻居或朋友家的小朋友请过来，和孩子一起做做游戏，一起做点趣味性的智力题。又比如，多鼓励孩子参加篮球、足球等体育运动等。孩子在这些与人合作的活动中，不断与人商量讨论，自觉地意识到与他人真诚合作的必要性，合作能力会大大加强。

萧伯纳曾说："你有一个苹果，我有一个苹果，彼此交换，每个人只有一个苹果；你有一种思想，我有一种思想，彼此交换，每个人就有了两种思想。"合作是为了一个共同的目标而结成的互助互利的双赢关系，合作的力量总是大于每个个体的总和。一个人学会了与人合作，他就能很快成为一个强大的人。如果妈妈们想要自己的孩子成为强者，就千万别忽视对孩子合作精神的培养。

宽容的心态——做个人见人爱的小天使

在日常生活中，妈妈经常会遇到孩子向自己告状的事。孩子在告状的时候，要么振振有词，要么满脸委屈，其实仔细梳理一下孩子告状的内容，在大人看来大多是一些鸡毛蒜皮的小事，比如"×××说我坏话""×××骂我""×××把我的笔弄坏了"，等等。

为什么孩子们这么爱告状呢？当然，年龄小是一个方面，但最主要的原因是孩子们之间缺乏"宽容"。现在的许多孩子从小被娇生惯养，身上都存在着一点自私、任性、以自我为中心的缺点。当他们与同伴发生矛盾时，心里想到的首先是自己的利益，从不会理解、宽容别人的过错。

一位妈妈就曾经遇到这样的困扰：

我的女儿平时什么都做得很好，就是在对待她的同学上有点"苛刻"，比如，班上有同学把她的课本碰掉了，女儿就会大发雷霆；一块做游戏时，同伴如果做得不好，女儿就会指责同伴；同学生病了不能做值日生，女儿也会不高兴。这也导致她在班级里的人缘很差，没有同学愿意和她一起玩。这也让我非常担心，不知应该怎样帮她纠正这个坏毛病。

像案例中的孩子对同学表现苛刻，其实就是不懂得宽容的表现，不懂得宽容的人往往心胸比较狭窄，往往也会比别人更多一些不必要的烦恼。法国著名文学家雨果曾说："世界上最宽阔的是海洋，比海洋宽阔的是天空，比天空更宽阔的是人的胸怀。"人多一些宽容，就会多一些忍让，自己和别人的关系就会融洽一点，也会少一些烦恼。对于孩子们来讲，从小让孩子学着从上面案例所述的这些"琐事"中摆脱出来,他们的生活就会多一缕阳光。孩子也只有学会了宽容,才会赢得更多的朋友,才会真正体会到生活的快乐。

一位妈妈这样分享自己的经验:

女儿今年刚上2年级,一天放学一回到家,她就对我说:"妈妈,张晓宇真笨呀,今天在学校踢毽子,别人都能踢很多,就他一个人不会踢,真丢人啊!"女儿一边说一边流露出不满和不屑的神色。我觉得对孩子的这种看不起同学的做法不应该听之任之,于是我和蔼地问女儿:"张晓宇难道不是你的同学?""当然是了!"女儿说。我说:"既然是同学,难道不应该互相关心,互相帮助吗?他踢不好,你可以教他啊,至少不应该取笑他,对吧?""是呀!"女儿认真地回答。我趁机说:"你经常说要关心同学,这个同学有缺点、有不足,是不是不应该嘲笑、瞧不起他,而应该多帮助他呀?"最后,女儿不吭声了。我想,她应该认识到错误了。

像案例中的这位妈妈一样,每一位妈妈都应该留心孩子讲的他们班级的趣事,因为这些班级趣事,经常会反映出孩子一些正确或者不正确的言行。妈妈要及时鼓励孩子那些正确的言行,同时要耐心地纠正孩子那些不正确的看法,注意"剪除"孩子幼小心灵滋生的一些"杂草",让孩子渐渐学会如何去关怀和理解他人,养成宽容的好品质,在同伴中间自然会越来越受欢迎。

让孩子拥有宽容的心态,并成为人见人爱的小天使,妈妈可以运用以下方法来做:

方法一:抓住时机教孩子学会宽容

让孩子理解宽容、学会宽容,妈妈就要善于抓住时机进行教育,在具体的事实面前,孩子才会体会得更加深刻。

一位妈妈这样分享自己的教子经验:

女儿今年上 1 年级，下课的时候，她从同学那借了本《米老鼠》画册。就在她聚精会神地看的时候，同桌不小心把墨水瓶碰翻了，墨水全部洒在了这本画册上。女儿非常生气，要同学赔她一本新的《米老鼠》，并且还把这件事告诉了老师。结果，女儿的同桌被老师批评了一顿。

放学回家的时候，女儿和我讲起了这件事，我严肃地对她说："谁没有犯错的时候啊，如果你犯了同样的错误，你的同桌大喊大叫，让你赔，还告诉老师批评你，你会怎样呢？"女儿想了想，然后说："我会很难受的。"我就势说："既然每个人都会犯错，为什么不能宽容一点呢？你对他好，他以后也会对你好啊！做人一定要和气、友好地待人，不能斤斤计较，尤其是对待同学，更要大度、宽容。"这次"事件"给女儿留下了一个深刻的印象，在我的启发下，女儿渐渐理解了宽容的含义，也学着去宽容他人了。

案例中的这位妈妈有效地抓住时机对孩子进行教育，对孩子学会理解、宽容他人起到很大的引导作用。其实，生活中许多孩子都会遇到类似的事情，当孩子对别人不依不饶时，妈妈要及时纠正，趁机教育孩子学会宽容。

方法二：用角色互换法教育孩子

很多时候，只有将自己置于别人的角度看问题，才会发现自己的错误与不足。对于孩子也是一样，想要让他们学会宽容别人，妈妈可以尝试教孩子学会站在别人的角度来看待问题，为别人着想。

著名教育家陶行知先生在育才学校当校长时，曾经发生过这样一件事情：

一天，陶行知看到一个叫王友的男生欺负另一个男同学，他立即制止了这个男生的行为，并让他放学后到校长室去。放学后，这个男生忐忑不安地站在校长室门口准备挨训。让这个男生纳闷的是，陶行知并没有批评他，而是掏出一块糖果递给他，说："这是奖给你的，因为你按时来了，而我却迟到了。"

这个男生惊愕地接过糖果，不知道说什么好。这时陶行知又掏出一块糖果递给他，然后说："这块糖果也是奖给你的，因为当我不让你再打人的时候，你立即就住手了，这说明你很尊重我，我应该奖励你。"

就在这个男生更惊愕的时候，陶行知又递给他一块糖果，然后说："我已经调查过了，你欺负那个男生是因为他欺负女生。这说明你很正直善良，并且有跟坏人作斗争的勇气，应该奖励。"

通过这件事，这个男生意识到是自己错了，并坦率地向老师认了错。陶行知满意地笑了，又掏出一块糖果递给他，然后说："你能正确地认识错误，这块糖果值得奖励给你。现在我已经没有糖果了，你也可以回去了。"

陶行知以这种方式让自己的学生王友明白了，不管在什么时候，都要换个角度想问题。作为妈妈，也应该教育孩子经常问自己：要是我处在这种情况下，我会怎么想，又会怎么做呢？我现在应该为他做点什么呢？这样，孩子才会看到问题的另一面，从而学会去宽容别人。

宽容是令交往和沟通顺利进行的"最强润滑剂"，它会让孩子在宽松的人际环境里成长。因此，妈妈们非常有必要教导孩子做一个具有宽容之心的人。

时间就是秩序——树立良好的时间观念

孩子在1~2年级时，自控能力还很差，其中一个重要的表现就是没有时间观念。因为时间观念不强,他们不会合理地安排自己的时间,致使在1~2年级的学习生活中出现很多问题。

一位妈妈曾这样倾诉自己的苦恼:

我家孩子7岁了,刚上1年级,做什么事都慢、磨蹭,一点时间观念都没有。早上起床起半天,刷牙挤个牙膏也要半天。然后吃饭就更让人着急了,基本上每顿一小时,吃吃停停,东张西望。最要紧的是这两天考试,试卷都有好几页来不及做了,考试结果可想而知。有时我着急逼他紧了,他就很烦躁,真的不知道该拿他怎么办才好!

对于这位妈妈的烦恼,很多妈妈都会感同身受。时间对于1~2年级的孩子来说,是一个很抽象的概念。因为年龄和能力的限制,他们所做的事情都有着充分的时间,根本不必担心时间不够,所以很多1~2年级的孩子也就不会珍惜时间,更不会合理地去安排时间,这也造成了这个年龄段的孩子在生活和学习中形成拖拉、懒散的坏习惯,这无论是对孩子当前的生活和学习,还是对孩子以后时间观念的形成都是不利的。在小学1~2年级时,妈妈就应该运用一定的方法帮助孩子养成合理安排时间的好习惯。

那么,怎样才能培养孩子珍惜时间的好习惯呢?

方法一:告诉孩子时间的价值

时间是伴随一个人一生的财富。要培养孩子的时间观念,首先就要让孩子明白时间的重要意义与价值。妈妈要告诉:孩子时间是最宝贵的,浪费时间就是浪费生命;时间只会为及时抓住它的人而停留;故意浪费时间的人将会受到时间的惩罚,等等。

方法二:教会孩子合理统筹时间

由于孩子的时间意识不是很强,往往一段可以高效利用的时间却只做一两件事情,这样就造成了时间的浪费。因此,妈妈要教给孩子一些统筹时间的方法，帮助孩子大大提高时间的利用率。

对此，一位聪明的妈妈是这样做的：

女儿今年上2年级，最近她经常向我抱怨时间越来越不够用。这也难怪，学校离家比较远，接她回家的路上就需要一个小时的时间，如果堵车的话花的时间更多。回家后她还要写至少半个小时的作业，然后吃晚饭、预习课文等。最近学校又多了一些活动，导致她的时间更紧张了。

为此，我给女儿出了一个主意。考虑到英语是女儿的一个老大难问题，为了节省时间，我让女儿把当天要记忆的短语或者单词制作成小卡片带在口袋里。在坐车回家的时候，默默地记忆。这样至少有一个小时的学习时间。到家之后，只需要花很少的时间看一下英语，一门课程就解决了，从而省出了不少时间。

方法三：给孩子规定时间

孩子的时间观念不强，作为妈妈可以给孩子规定时间，逐渐使孩子养成集中精力做事的习惯。

一位妈妈这样分享自己的经验：

已经是晚上9点钟了，上小学2年级的儿子仍然在做作业。我随口问了一句："学校留的作业很多吗？"孩子的奶奶说："哪里呀，根本就不多，这孩子每天就是吃过饭就开始写作业，一边写一边玩儿，还什么事儿都搀和。到晚上10点他的作业都写不完。"想了一下，我对孩子说："儿子，你看着表写作业行吗？"儿子大声说："没问题！"我说："那好，从现在开始，你自己掐表，看看完成剩下的作业到底需要多少时间！"儿子一下子来了精神，认认真真地写起了作业。没多大工夫儿子就拿着两个作业本跑来报功："妈妈，9分钟，我才用了9分钟就写完了！"看着写得蛮工整的作业，在一旁的奶奶惊讶了。

这个事例告诉我们一个道理：只要我们对孩子引导得当，孩子会集中精力做事的。对于孩子高效率完成功课节约下来的时间，建议妈妈们可以在必要性的把关的基础上让孩子自由支配，以作为对他的奖励。

方法四：帮助孩子有规律地作息

良好的作息习惯是养成时间观念的前提，对此，妈妈可以和孩子一起制定一张作息时间表，如什么时间起床，洗漱要多长时间，吃早餐要多少时间，放学后先做什么、再做什么，等等，通过给孩子制订一些规矩和计划，让孩子合理安排时间。这样坚持下去，既能让孩子养成良好的生活习惯，同时也能使孩子对时间有一个明确的认识，从而养成良好的时间观念。

方法五：不要剥夺孩子玩的时间

形成正确的时间观念并不说要把自己的行程安排得满满的，没有一丝空闲，而是要做到劳逸结合。对于1～2年级的孩子来说，使其形成正确的时间观念，就要正确处理好"玩"与"学"的关系。再喜欢学习的孩子也不会拒绝玩。对1～2年级这个年龄段的孩子而言，玩和学同样重要。但现实是，不少妈妈总是把孩子的时间安排得满满的，不给孩子一点支配的时间，还时常催促孩子，埋怨孩子，甚至惩罚孩子。实际上，会玩的孩子才会学习，控制和剥夺孩子玩的时间，并不意味着孩子会把所有的时间都用来学习，因为有的孩子会觉得快点慢点都要学习，不如慢点。妈妈剥夺孩子玩的时间会使孩子没有自己管理时间的机会，进而导致孩子的时间观念差。

因此，妈妈千万不能完全剥夺孩子玩的时间，必须给孩子一定的自由支配时间，让孩子去做自己想做的事，孩子的时间观念也会在无形中得以加强。

第九章 | 妈妈送给 1～2 年级孩子最好的礼物

很多妈妈都对那个即将到来的金秋九月充满了憧憬，因为那个时候，自己家的"小嘎嘣豆儿"将带着红领巾走入校门了，为了迎接这"历史性的一刻"，妈妈们都会绞尽脑汁送给孩子礼物——书包、玩具、图书……这些礼物无论怎么看似乎都不足以表达妈妈的心情和厚望。授之以鱼不如授之以渔，倒不如送给孩子一个强健的体魄，一种好的思想，一个好的环境。

给孩子选一所最合适的学校

很多准备进入小学学习的孩子，其实提前几个月就已经进入了"择校备战期"。作为妈妈，为了不让孩子输在起跑线上，早早地便加入了择校大军中。很多妈妈反映，为孩子选择学校是一件非常累心的事。其实，只要遵循以下几条原则，妈妈们就可以为孩子们选择一所适合他们的学校。

原则一：家庭条件力所能及

在不少妈妈的眼里，公办学校要比私立学校好得多。现在，这种观念需要改一改了，除了公办小学，民办私立小学也是一个不错的选择。当然，相比于公办学校，私立学校收费可能要高出很多。至于为孩子选择什么学校，在考虑教学设施、师资力量等软硬件的同时，还要根据自己的实际情况来选择。对一般的工薪阶层来说，选择私立学校可能会加重家庭的经济负担。妈妈们应该清楚的是，最贵的学校不一定是最适合自己孩子的学校，比如对那些艺术特色学校、双语特色学校、体育特色学校，妈妈们应该根据孩子的实际情况来选择，不要好高骛远。

原则二：明确大、小班利弊

有的学校有大班和小班之分，这也会左右妈妈们的选择。大小班之所以能牵动妈妈们的神经，是因为班级大小设置各有不同，会直接影响孩子获得知识的途径。一般名校往往是大班教学，一个班可能有几十个孩子，优势是师资水平较高，缺点是老师很难面面俱到。小班的师资可能不那么优厚，但是可以给孩子比较精细的教育和辅导。因此，妈妈在为孩子选择大班还是小班时，一定要根据孩子的学习能力尤其是领悟能力和接受力来选择。如果孩子接受能力强，有一定的自觉性和自律性，那么大班是一个不错的选择；如果孩子成绩一般，自觉性和主动性又较弱，就不妨让孩子上小班。

原则三：看学校要立足眼前

妈妈们在给孩子选择学校时主要关注那些口碑和排名靠前的几个学校。在不少妈妈的眼里，选择上升势头强的学校，师资力量和教育资源相对更完善，教学水平高，孩子也将从中获益，对孩子日后的升学有很大的帮助。

的确，相比于一般的学校，优秀的学校除了注重教授孩子正常的知识外，还常常立足于长远，比如有的学校就会给孩子设置一些兴趣课，这些课程的设置和授课内容都是与对应的初中入学要求来设置的。难怪有的妈妈会说孩子上这样的小学，不仅可以减轻孩子的课外负担，孩子还可能会享受一定的优先权利，这确实是值得考虑的一个方面。

但依靠排名和口碑选择学校也不是绝对的，一些小学经过改革和优化，发生了显著的变化，教育质量和综合能力很可能会迅速地提升。因此，妈妈们不必过于看重学校历史的排名，而更应该多关注"眼前"，看学校的教学内容和风格是否真正适合孩子。

原则四：选择寄宿要因人而异

有的时候，妈妈终于找到一个教育资源比较有优势的适合自己孩子读书的学校，但是又离家太远了。为了让孩子上好学校，不少妈妈宁愿让孩子寄宿。但是对于刚刚上小学的孩子来说，他是否能迅速适应寄宿生活，是否能做到"独立"，妈妈要好好考虑一下。如果选择寄宿，一定要选择全员寄宿或者有单独寄宿班级的学校，这样可以最大限度地减少孩子每天的心理波动。总之，选择寄宿也要慎重。

原则五：好老师胜过好学校

再好的学校，也有很普通的老师；再差的学校，往往也有一些富有爱心、责任心强、教学得法的优秀教师。妈妈们在给孩子选择学校的时候，不能仅仅冲着学校的排名而来，更应该看重这些学校的师资是不是很好，是否适合孩子。

总之，选择一所小学，对孩子将来的发展有着非常重要的影响。对于即将步入小学生活的孩子们来讲，一所适合自己的小学，就是妈妈送给他们最大的礼物。

注意1~2年级孩子常出现的身体小毛病

1~2年级的小孩子经常会出现一些身体上的小毛病，作为妈妈是必须要了解和加以警惕的。

便秘

小孩子一年四季都易发生便秘，主要原因在于他们挑食、偏食、没有养成良好的排便习惯等。现在的大部分孩子都偏好瘦肉、奶类等高蛋白食物或饮料、糖果等甜点，不喜欢吃蔬菜、水果。这样一来，孩子的饮食中，精细食物太多，粗纤维过少，久而久之，势必会抑制肠胃蠕动，影响排便。此外，不少小孩子由于课间贪玩，想排便时一忍就过去了，使得直肠逐渐对粪便压力刺激失去正常的敏感性，再加上粪便在体内存留过久，水分被反复吸收，大便越来越干，引起便秘。

妈妈在预防孩子便秘的问题上，主要应从两方面入手：第一是培养孩子良好的饮食习惯，在饮食中摄取足够的纤维素，鼓励孩子多吃蔬菜、水果，平时保证孩子有足够的水分摄取；第二是帮孩子养成良好的排便习惯，即要让孩子养成定时定点去厕所的习惯，通过练习腹肌用力，定时刺激肠胃蠕动，使排便时间规律化，从而使孩子排便正常。

贫血

对于1~2年级的孩子，贫血的毛病极为常见。贫血是指外周血液单位体积血液中血红蛋白浓度、红细胞数量与血细胞比容低于正常值，或其中一项明显低于正常值。发生贫血的原因有很多，儿童或少年以缺铁性贫血最为常见。

妈妈们可以主要采取以下措施来改善孩子的贫血症状：

★让孩子的膳食合理化

妈妈在给孩子选用食物品种方面，不仅要选择含铁丰富的食物，还应考虑铁的吸收率问题，各种食物的含铁量不同，铁的吸收率也不同，一般含铁量较高的为肉、鱼、肝等动物性食品，此外，植物食品中大豆制品含铁量也较高，蛋类的铁吸收率稍低，但因其含铁量丰富（每 100 克蛋黄含铁 7 毫克），因此仍是供铁的重要来源。蔬菜的铁吸收率较低，但其含维生素 C 相对较多，应与动物性食品同时摄取。

★对孩子加强健康饮食教育

妈妈们应该培养孩子良好的饮食习惯，让孩子不挑食，不偏食，定时定量进餐，不以糕点等零食代替正餐。

胃肠道疾病

夏季气温高，病菌繁殖快，各种食物、饮品很容易受到病菌的污染，而 1～2 年级孩子身体对疾病的抵抗力本身就弱，因而很容易患上胃肠炎、腹泻、细菌性痢疾等胃肠道疾病。同时夏季早晚温差大，导致孩子饮食不规律，比如一会儿吃热的食物，一会儿又会吃些冷饮，这都会导致孩子们的消化功能紊乱，继而招惹胃肠道疾病。

为避免孩子患上胃肠道疾病，妈妈们就应该采取积极的措施来预防：不要让孩子暴饮暴食；平时注意讲卫生，饭前便后要洗手；吃瓜果前要消毒、洗净、削皮；多喝点纯净水、凉开水，不要喝生水；不吃过期、变质的食物，尽量少吃冷饮和街头小吃等。如果孩子患上了胃肠道疾病，妈妈应立即带孩子去医院就医，同时有必要学习一些护理方法，比如孩子腹泻的时候，每次大便后可以用温水给他洗洗屁股，及时给孩子服用糖盐水以补充水分和电解质等。饮食上以米汤、去油肉汤、去脂的牛奶和酸奶、稀饭、软面汤等为主，忌食刺激性食物、发酵和胀气的食物、高脂肪高蛋白食物，并要做到少食多餐。

感冒

春季为流行病多发季节，节假日期间，妈妈要尽可能少带孩子去公共场所，应注意保暖，呼吸新鲜空气，注意保持通风。如果孩子已出现发烧、感冒或咳嗽等症状，应及时找医生诊治，不要拖延。学校内若发现有人患上肺炎、水痘等疾病，应注意隔离，以避免相互传染。条件许可的家庭可以带孩子去打肺炎球菌和水痘疫苗。

厌食

厌食这种情况在不少孩子身上都时有发生，一位妈妈就曾十分苦恼地说："上学的时候孩子还好好的，可是一到寒假他就不怎么想吃饭了。"这种现象很正常，毕竟现在的生活不像以前，丰富多样的零食让孩子们应接不暇，好吃又好看，零食吃多了孩子自然吃不了多少主食了。当然还有其他一些原因也会造成孩子厌食，比如平时饮食不规律，该吃饭的时候不吃饭，不吃饭的时候又吃很多东西，也会导致孩子厌食。对于1～2年级这个阶段的孩子而言，零食吃多了，体内的血糖会升高，不利于孩子的身体健康。饮食不规律也会影响孩子的食欲，比如，因为妈妈应酬多，节日期间饮食起居不规律，破坏了孩子原本正常的饮食规律。

孩子厌食大多无须治疗，只要妈妈及时调整喂养习惯和孩子的饮食习惯，比如督促孩子少吃零食、定时定点让孩子吃正餐等，孩子厌食的现象自然就会消失。

妈妈要送给孩子一颗坚强的心

坚强是人在面对困难、危险、挫折、失败的过程中所表现出来的，并不是与生俱来的，而且坚强是可以通过有效的控制来达到的。因此，对于刚步入小学的孩子来说，妈妈就要通过有意识的引导、教育和磨炼，使孩子逐渐学会如何面对困难、面对危险，让孩子拥有一颗坚强的心。

一位妈妈这样分享自己的育儿经验：

上小学 1 年级的女儿长得瘦瘦小小的，但我一点儿都不娇惯她。

一次，女儿正要准备去上学时不小心摔倒了，手上还擦破了一点儿皮，她哭喊着找我："妈妈，妈妈，我的手破了，还流血了，我怎么去上学啊！"我看了一下，虽然心里着急，但还是装作无所谓的样子，对女儿说："一点小伤，没问题。小孩子要学会坚强，不能随随便便就哭的。"然后给女儿的伤口进行了简单的消毒后，又让她去上学了。

我下班回来后，将女儿拉到跟前，会意地说："来，让我看看你的手好了没有？"女儿一边伸出小手一边哼哼着。我故意惊讶地说："噢，这么小的伤，已经好了！妈妈知道你可是最坚强的孩子！是不是？"女儿听了以后点点头，说："妈妈，我不疼了，要去写作业了。"听到女儿的话，我真的替她感到高兴。

就像案例中的孩子一样，由于现在的生活水平高了，而且又是独生子女居多，很多小学 1～2 年级的孩子都多少有点娇气，不坚强，面对挫折的忍受力差，一有不如意的事情发生，就想要放弃或者寻求庇护。这时，妈妈的教育和引导是非常必要的。

那么，妈妈应该从哪些方面做起呢？

方法一：适当让孩子吃一点苦

现在的很多妈妈对孩子百依百顺，很多事情替孩子一手包办。然而这样舒适、平静、安稳的生活，往往会磨灭孩子吃苦耐劳的精神。所以，妈妈们应当在生活实践中，试着让孩子多吃一点苦。比如，带孩子出去散步或是郊游，让孩子自己背包包或者放点常用物品。另外，妈妈还可以根据行程状况，尽量让孩子自己步行，让孩子明白累一点没关系，坚持自己走是一件很了不起的事！

方法二：让孩子多接触同伴，锻炼自己

有关心理学家指出："孩子的性格在游戏和日常生活中表现得最为明显，因此游戏也是纠正不良性格的最佳途径。"妈妈要让性格软弱的孩子经常和胆大勇敢的小朋友在一起，跟着做一些平时不敢做的事情，这样耳濡目染，孩子在游戏中慢慢地得到锻炼，就会变得勇敢、坚强起来。

方法三："包装"孩子的强者意识

受暗示性强是1～2年级孩子的特点。因此，妈妈不要轻易在众人面前揭孩子的短，批评孩子胆小怕事，这样会刺激、强化孩子的弱点，让孩子觉得自己就是胆小怕事的人。聪明的妈妈应该懂得发现和放大孩子哪怕是任何一点细小的勇敢行为，在他人面前夸夸孩子的进步，可以说，孩子的强者意识是可以被妈妈"鼓励"起来的。

方法四：对孩子进行挫折教育

一个人只有面对磨难才能真正学会坚强。"自古英雄多磨难"，世界上成绩卓著的人，都是身经磨砺、百炼成钢的。当孩子在人生的路上遇到磨难时，作为妈妈，用不着沮丧，用不着埋怨，只要对孩子说："跌倒了，爬起来！你就赢了，就知道什么叫'胜利'了"。

一位聪明的妈妈就是这样做的：

儿子上 2 年级了，第一学期的期终考试，孩子考试失利，在班里的排名非常靠后。面对沮丧的儿子，我就鼓励他说："孩子，一次失败不要紧，我相信，你能行。"

之后，儿子在整个下学期的学习中，没有抱怨，没有气馁，而是努力拼搏，奋力赶超，学习成绩一路领先。第二个学期的期中考试，儿子就以优异的学习成绩排在了全班第一名，赢得了胜利。我也自豪地对儿子说："儿子，你真棒！"

作为妈妈，就要让孩子学会面对挫折，树立自信。一个人的一生不可能总是一帆风顺的，面对挫折，要让孩子学会把握机会，仔细品尝挫折带来的人生感悟，并且抬起头，一次又一次地对自己说："我不是失败了，而是没有成功。我相信，我能行！"

1～2 年级，让孩子拥有绚丽多彩的梦想

儿童心理学家认为："梦想是孩子对自我形象的理想化认识。孩子在追梦的过程中，会产生强劲的内驱力，面对各种困难也会主动想办法去克服。梦想能使孩子在学习、工作的过程中创造不辍，并获得愉悦的情感体验。"因此，梦想对于孩子来说，有着无穷的魅力，对孩子的成长具有巨大的牵引和激励作用。像爱迪生、毕加索、达尔文等成就卓著的人物，他们在童年时期，都有一个绚丽多彩的梦，实现儿时的梦想成为他们一生为之奋斗的目标。因此，从某种程度上可以这样说：孩子没有梦想就没有未来。那么妈妈在帮

助孩子实现梦想的过程中有哪些需要掌握的方法呢？

方法一：呵护孩子的梦想

梦想是孩子们一种纯真的意念。孩子们有了梦想，心中就犹如有了一个鲜红的太阳，可以迸射出无穷的力量。一位伟大的哲人曾经这样说："世界上一切的成功、一切的财富都始于一个意念，始于我们心中的梦想！"可以说，为孩子建立梦想，协助孩子经营、实现他的梦想是妈妈义不容辞的责任和义务。

在呵护孩子的梦想方面，美国篮球巨星乔丹的母亲无疑是妈妈们要学习的榜样：

美国篮球明星乔丹在他还是一个孩子的时候就有了篮球梦。一天，当他把自己将来要做篮球明星的梦想告诉妈妈时，妈妈没有打击他，而是对他大加赞赏，同时还积极鼓励乔丹多练球，并给他报了少年篮球队，经常抽出一些时间和乔丹一起关注报纸杂志上篮球队员们驰骋球场、飞身灌篮的矫健身影和飒爽英姿。同时，妈妈还给乔丹准备了一个画册，遇到杂志上有喜欢的篮球明星，她都会帮助儿子剪下来并贴在画册上。可以说，乔丹的成功与妈妈的鼓励和支持是分不开的。

如果这位伟大的母亲没有呵护孩子的梦想，可能这个世界上真的就少了这样一位篮球巨星。每个孩子都有自己的梦想，即使有时孩子的梦想可能在妈妈看来很幼稚，但妈妈也千万不要用成人的眼光去看待孩子的梦想。哪怕是孩子有了一些不可思议的梦想，妈妈都应为他有了"理想的我"而感到欣慰和自豪，并给予肯定。妈妈对孩子的梦想坚信不疑，孩子才会从妈妈那里获得力量，获得勇气，树立信心，最终实现自己的梦想。

方法二：发现了孩子的优势和特长，帮他创造"梦想"

妈妈应该善于发现孩子的优势和特长，因为这些优势和特长很可能就成为他的梦想，成为他日后努力的方向。

有这样一个故事：

一位要上班的妈妈将照顾妹妹的任务交给了一个8岁的男孩。在玩耍的时候，男孩无意中发现了几瓶彩色墨水，他对这些彩色墨水产生了很大的兴趣，经不住诱惑，男孩忍不住打开了瓶子，然后找来一支笔在墙上画起妹妹的肖像来。没多久，整个房间都被他搞得乱七八糟。当妈妈下班回来的时候，看到眼前的情景还以为儿子淘气在墙上乱画。她正准备发火，又转念一想，孩子这样做可能也有自己的想法。她又看了看墙上，忽然发现墙上的画似乎是女儿的肖像，竟有几分神似，她惊叹地说："你画的应该是你的妹妹吧？真不错！"然后弯腰亲吻了儿子。受到妈妈鼓舞的这个男孩后来痴迷上了画画，并在画界取得了傲人的成绩。当有人问他为什么能取得这么大的成绩时，他常常骄傲地说："是母亲的鼓励使我成了一名画家。"

如果这位妈妈一开始没有控制好自己的情绪，没有仔细想过就认定儿子不好好照看妹妹而在墙上乱画的行为是淘气的，是做坏事，那么她的儿子也许就成不了画家了。这位母亲从儿子的"乱画"中发现孩子在绘画上的天赋，并及时积极地引导儿子认识并认可自己的天赋，这就是在帮助孩子创造梦想，为孩子的梦想"保驾护航"。

方法三：利用故事给孩子引"梦"

处在1～2年级这个年龄段，有的孩子有很多梦想，而有的孩子则什么想法都没有。当孩子没有梦想的时候，妈妈应创造机会，帮助孩子圆"梦"。例如，妈妈平时可以给孩子讲一些关于梦想的小故事，比如"匡衡凿壁偷光""朱元璋放牛读书""文天祥少年正气"等，用通俗的语言解读这些故事，为孩子立"梦"提供参照，让孩子在此过程中树立远大的理想。

梦想是孩子成功的种子，妈妈要一点点地培养扶持，要细心浇灌滋润。当孩子对妈妈讲述自己的梦想的时候，妈妈应该立刻告诉孩子："你的理想真不错，妈妈支持你，相信通过你的努力一定会实现的！"

培养孩子一生受益的领导能力

所谓领导力就是指通过自己的人格魅力以及对他人性格能力的了解，在影响别人的思想和行为的基础上，组织协调其他人，很好地完成一项需要很多人共同努力才能完成的义务的能力。

领导力并不是只有大人们才有，孩子在一些活动中也能表现出领导才能。儿童领导才能是指在一个相对稳定的儿童群体中，由其中一个或者几个孩子组织并率领其他同伴共同完成某项活动的具体方式和个性心理特征。

如果一个人在小时候就表现出极强的领导才能，那么这种能力会伴随着孩子的长大而逐渐提高。此外，提高孩子的领导能力，孩子处理事情的能力就会得到提高，自信心以及自控力也会得到增长，这不仅对孩子的学习和生活是非常重要的，对他们的未来发展也有着重要作用，必将使他们在未来的生活和工作中获益匪浅。

具体来说，领导力对孩子的影响主要表现在以下几个方面：

★促进孩子的社会性发展

与成人相比，孩子的领导力主要体现在孩子之间交往和合作之中，这对孩子日后的人际交往将产生重要影响。

★丰富孩子的情绪情感体验

孩子在带领同伴们完成一件事情的时候，需要完成很多事情，他们需要探讨、确定目标、制订计划、商量进行、分配和协调人员、指挥和控制活动进程等等。孩子在这一系列活动中扮演着提议者、说服者、组织者、决策者等许多角色，在这些角色中孩子会体会不同的情感。

★使孩子的综合能力得到提高

同成年人的领导力一样，孩子的领导力也是各种能力的综合。在进行领导时，孩子的分析、决策、协调、组织、应变、创新以及语言能力都将得到相应的提高。

很多妈妈在培养孩子领导力方面是做得不够好的，她们没有认识到领导力是需要从小培养的，要么是以孩子小为借口不给孩子机会去体验，要么以学习要紧为借口，不对孩子进行合理的引导。这都是妈妈们应该反省的地方。

1～2年级孩子，开始融入集体生活，生活范围越来越大，所面对的人更加多，所需要处理的社会关系也多了起来，孩子需要在人群中表达自己和表现自己，已经开始具有了培养领导力的环境和条件。

那么，妈妈应该采用哪些方法培养孩子的领导力呢？

方法一：让孩子独立

只有当孩子具有一定的独立性的时候，他才有可能在同伴之中担当领队。倘若孩子的依赖性非常强，就不会主动进行决策，也不会主动去协调和组织，更没有足够的能力成为领导者，只能是听从别的同伴的指挥，在队伍中也将处于依赖、被保护的位置。因此要想让一个孩子成为队伍中的"领头羊"，妈妈在日常生活中就要不断锻炼孩子的能力，坚持培养孩子的独立性，让孩子习惯自己思考、自主选择、自己作出决定。

方法二：培养孩子的责任感

作为一个领导者，责任感同能力一样重要。责任感主要表现为一个人对自己、对他人以及他在处理事情时的种种态度。因此妈妈对于孩子责任感的培养主要是对孩子为人外世的态度的培养。在日常生活中，妈妈不仅要要求孩子独立完成自己的事情，还要让孩子对自己的行为负责，对待妈妈或者是他人以及群体活动中分配的任务要认真负责。

方法三：培养孩子成为领导者应该具备决策能力、组织协调能力和创新能力

★决策能力

妈妈总是认为孩子年龄还小，所以习惯性帮助孩子做决定，习惯性不让孩子参与到家庭事务之中，习惯性一手包办孩子生活中的种种事项，甚至包括孩子应该和谁玩、玩什么、怎么玩妈妈都事先给孩子安排好。其实，孩子在 3 岁左右的时候就已经能够感受到"自我"，这时候的孩子已经具有强烈的独立行动的愿望并且渴望自己作决定。而一个好的领导者，必须具有良好的决策能力，否则他将难以带领大家完成任务，也很难服众。因此妈妈必须培养孩子决策方面的能力，在平时应该尊重孩子在价值判断以及兴趣选择等方面的自由决策的权利，在平时多给孩子参与解决事情的机会，在尊重的基础上给予一定的指导，提高孩子的决策能力。

★组织协调能力

领导者是在群体活动中充分行使自己的权力并且发挥自己的作用，因此组织协调能力是领导者必备的能力。孩子的领导力没有权利因素，成员之间也没有一定的规章制度加以约束，加上孩子因为年龄小而自带的情绪和性格上的缺陷，要想把孩子们组织起来，协调他们共同完成一项目标是十分不容易的事情。在锻炼孩子组织协调能力的时候，首先要教会孩子说服和劝服技巧，同时也要教会孩子处理危机和冲突的技巧，同时这些技巧也是在不断参加群体活动中不断尝试、体会和积累起来的。因此妈妈要给孩子提供机会，让他亲自操办活动，比如操办家庭节日晚会、宴请朋友、带队外出旅游等。

★创新能力

如果一个孩子具有很强的创新能力，那么他就很容易在同伴中脱颖而出成为一个领导者。具有创新能力的孩子，擅长发散思维，不仅能够多角度、多方面地思考问题，更会提出一些比较有建议性的创造性的观点和见解，有助于任务的完成。提高孩子的创新能力，妈妈在平时要注意呵护孩子的好奇心，鼓励孩子多提问题、发现问题、解决问题，训练孩子的发散性思维。

帮助孩子建立受用一生的财富观

在现代社会，经济和金融意识是一个人必须具备的重要素养，而形成一个正确的金钱观以及价值观对一个人的发展至关重要。在西方家庭教育中，财富观教育一直是其中一项重要内容，但是我国对孩子的金钱观教育却十分滞后。对孩子进行财富观的教育，可以让孩子正确认识财富，懂得通过正确的手段去积累财富，并使用财富，而不是成为财富的奴隶，甚至被金钱所禁锢，在财富中迷失自我。

对于1~2年级的孩子来说，从幼儿园进入小学，可以说是迈开了正式进入社会的第一步。在幼儿园时，衣食住行都由妈妈、阿姨负责，基本上不会接触钱，而进入小学之后，开始逐渐接触到钱的使用，比方说妈妈给的零花钱、购买学习用品的钱等。这一时期，妈妈不仅要关注孩子的学习，同时也不要忽略对孩子的财富观教育。

具体来说，妈妈们可以采取以下几个方法对孩子进行财富观教育：

方法一："富养"精神，"穷养"物质

其实，不管是女儿还是儿子，在教育上，妈妈心里都要有一杆秤，要分清"富养"与"穷养"，在培养孩子情操、道德方面，要遵循富养的原则，在物质上，尽可能做到"穷养"。只有这样，才能让孩子拥有开阔的眼界、丰富的知识、大气的为人、得体的举止以及文明的习惯，同时又不会由于生活环境优越而养成挥霍、浪费、目中无人的坏习惯。

当然，在物质上"穷养"，并不是说妈妈们要刻意地去追求"劳其筋骨，饿其体肤"的效果。对于"穷养"的程度界定，教育专家曾经给出过这样的建议：一般而言，如果家庭条件允许，孩子的生活水平只要保持在比平均水平稍微低一点即可。比如说，在学校里，如果每个孩子都有新书包，而自己家的孩子没有，很可能会受到其他不懂事孩子的嘲笑，可能会导致孩子被孤立等，这时，妈妈也可以给孩子买一个新书包，但是要让孩子明白：别人买新书包，妈妈也给你买，但是妈妈认为书包新旧与否并不重要，关键是要干净整洁，给你买新书包，也希望你能够爱惜。这样，既不会让孩子觉得低人一等，又不会使孩子习惯于攀比。

在精神上"富养"孩子，是指对于提高孩子精神境界、道德品质的活动，妈妈要多安排，让这些活动多一点。比如：如果家庭条件许可，妈妈可以带孩子去度假、去旅游，要让孩子学会欣赏大自然的山山水水，学会尊重各地的风土人情，学会爱护一切有价值的

文化遗产；平时，妈妈可以带孩子去参观博物馆、看戏剧、听音乐会等，培养孩子的多种爱好，让孩子更有爱心、情趣。在这一过程中，妈妈要让孩子知道，世界上有很多比钱更美好的东西，所以不要过于看重财富。

方法二：让孩子认识到金钱的价值

为了让孩子树立正确的财富观，不只要教会他们怎么得到财富，更应让孩子学会如何给予，要让孩子懂得金钱不仅可以满足需要，它的价值还在于能成为帮助他人的手段。平时可以让孩子把零用钱按一定的比例存起来，当金额达到一定数量后，妈妈可以带着孩子去捐献，让他亲自体会什么是给予以及给予给他所带来的快乐，同时，让孩子知道这些捐款用在了什么地方、帮助了多少人、发挥了多大效果，让孩子在这种活动中体会金钱的真正价值，从而形成正确的价值观。

方法三：让孩子用自己赚的钱买心爱的东西

1～2年级这个年龄段的孩子好奇心比较强，看到新奇的东西就想要，特别是当孩子在玩具店里看到琳琅满目的玩具时，总是不忍离开，央求妈妈给他购买。大多数妈妈遇到这种情况时要么立刻给孩子购买，要么会拒绝孩子说："不买，太贵了！家里已经有好几个了！"其实妈妈可以借此机会，培养孩子对金钱的认识，比如就势引导孩子："如果你真的喜欢的话，为什么不自己赚钱来买呢?"征得孩子的同意后，可以帮助他制订一个计划，比如平时可以让他干点家务事来赚点零花钱，或者将零花钱存起来用来买玩具，等等。这样就可以让孩子学会量力而为、有计划地消费，并且懂得珍惜得来不易的东西。

可以说，在对待金钱和财富的问题上，妈妈是孩子最好的引路人。帮孩子树立正确的财富观，会让孩子受用一生。

安全教育——为孩子的未来保驾护航

经常会有妈妈感慨道："我不奢望孩子以后成名成家，只求孩子平平安安，健健康康！"从中可以看出孩子的安全问题是摆在很多妈妈面前的头等大事。

1~2年级的孩子刚刚进入小学，迈入社会，他们的安全意识和安全防范能力尚且不足，非常容易受到来自多方面的伤害。近年来，小学生受到交通事故、溺水、拐卖、人身侵害、意外事件等伤害的现象时有发生。

豆豆今年上2年级，平时就比较调皮，经常惹出一些事端来。一次，课间休息的时候他趁老师在讲台上批改作业的时机偷偷隔着过道撑着两边的课桌跳跃起来，一不小心摔倒在地，顿时嚎啕大哭起来。老师将豆豆送到医务室一检查，发现豆豆的胳膊骨折了。

其实这类事故在小学生中非常普遍，每天都有很多孩子因为不会保护自己而"英勇负伤"。案例中的豆豆就是因为忽视安全常识，不知道保护自己才受伤的。所以，作为妈妈要加强对孩子的安全教育，为孩子的未来保驾护航。

那么，妈妈如何对孩子进行安全教育呢？

方法一：增强孩子的自我保护意识

对孩子进行安全教育的首要目标就是让孩子知道怎样保护自己。对此，妈妈可以在日常生活中适时地对孩子进行安全培训，比如通过讲故事等方式给孩子讲一些通俗易懂的安全常识，用现实中发生的一些事故警告孩子哪些做法是不安全的，是不能做的。例如，当孩子在马路上行走的时候，要靠右走，横穿马路的时候要走人行横道，遇到红绿灯时，要知道红灯停绿灯行，同时还要看两边是否仍然有车通过，等等。当孩子懂得这些安全常识后，他们才会有意识地注意自己的安全，增加自己的安全系数。

此外，还应教给孩子一些遇到安全事故时的求救手段。妈妈平时应该教给孩子遇到意外时，应该大声呼救，如果有电话还要会打110、120等紧急救援电话，并且让孩子牢记这些紧急电话。

1～2年级的孩子思想单纯，好奇心强，不懂危险，缺乏辨别判断能力，缺乏自我控制能力，容易被坏人利用，容易出现意外事故。作为妈妈，必须教给孩子一些生活常识，让他们树立自我保护意识，学会自护自救的本领。只有这样，他们才能适应各种环境，敢于与违法犯罪行为作斗争，才能在绝境和险境中解救自我，才能在困难面前不屈不挠，达到保护自己的目的。

方法二：对孩子进行随机教育，及时提醒

对孩子的安全教育，妈妈们应在日常生活中随机进行，渗透在孩子的日常活动之中，结合孩子在活动中出现的问题，给予必要的、合理的安全教育。

比如，小女孩对花特别感兴趣，看见花朵就会情不自禁地围上去，去摸摸花瓣和叶片。这时妈妈就可以随机对孩子进行有关预防植物有刺、有毒，应小心，不要轻易接触等安全教育。

由于1～2年级的孩子年龄尚小，很多安全常识和孩子讲一次两次往往没有多大的效果，这就需要妈妈能够坚持住，认识到对1～2年级的孩子来说安全教育是一个长期、连续的过程。特别是在重要的活动或放假前，安全教育更是非常重要，妈妈要格外重视在节假日期间对孩子的安全教育，平时要多提醒孩子，强化孩子的安全意识。

方法三：利用"模拟预想法"，对孩子进行安全教育

对孩子进行安全教育，不仅要让孩子懂得什么事情该做、什么事情做了有危险，还应让孩子懂得当危险发生后，该如何去处理。

妈妈要从生活中的小事上有针对性地对一些经常发生在1～2年级孩子身边的不安全现象进行剖析，并模拟出这些不安全因素可能带来的危险。举个例子：当孩子乱扔西瓜皮的时候，可以让孩子想象一下，如果一不小心一脚踩在西瓜皮上，可能就会摔倒，甚至撞到桌角，导致受伤，让孩子意识到危险性，同时引导孩子根据学到的安全知识模拟进行自我防护，这样才能达到教育的目的。当孩子的想法和做法正确时，妈妈要予以表扬和肯定；孩子做得不对的时候，妈妈可以针对事实给孩子指出来，让孩子能从中知道以后遇到类似的事情该怎么做。用这样的方式对孩子进行安全教育，会收到不错的效果。

总之，1～2年级孩子的安全教育是妈妈们不可忽视的一个重要方面。千万不要等孩子出了问题，造成了不安全的后果以后，再来教训孩子或者再来帮孩子补充安全知识教育课。